Roland Hoja

Wartesäle der Poesie

Bibliografische Information der Deutschen Bibliothek:
Die Deutsche Bibliothek verzeichnet diese Publikation in der Deutschen
Nationalbibliografie; detaillierte bibliografische Daten sind im Internet
über http://dnb.ddb.de abrufbar.

Herstellung und Verlag: BoD - Books on Demand, Norderstedt
ISBN 978-3-7431-9507-3

Wartesäle der Poesie

Paris/Marseille/Lissabon
Schriftstellerinnen im französischen Exil
1933-1941
Brennpunkte 'gewöhnlichen und gefährlichen Lebens'[1]

Kleine Sammlung

---

[1] Anna Seghers in: Anna Seghers-Wieland Herzfelde. *Gewöhnliches und gefährliches Leben*. Ein Briefwechsel aus der Zeit des Exils 1939-1946. Darmstadt-Neuwied 1986. S. 129-131

Jener Lüge von der totalen Mobilmachung des Geistes und des Körpers, mit der die Jugend der faschistischen Länder für den Krieg gelockt wird, müssen wir unsere Wahrheit entgegenhalten, unsere totale Mobilmachung des Geistes und des Körpers für die Veränderung dieser Gesellschaftsordnung ... Aber wir müssen lernen, unsere Wahrheit mächtiger und verlockender zu zeigen als die anderen ihre Lügen.[2]

---

[2] Anna Seghers, *Kunstwerk und Wirklichkeit.* Band III. Berlin 1970. S.40

Inhalt

IV.

'Wartesäle der Poesie'

Kurzbiografien
Pariser Cafés (Fotos)
Cafés (Liste)
Editorial
Literatur
Personenregister
der Autor

Einleitung

Unmittelbar nach der Machtergreifung der ‚NSDAP'
am 30. Januar 1933 und dem einen Monat darauf
folgenden Reichstagsbrand vom 26.-27.Februar
flüchteten unzählige Menschen aus der Kultur, der
Politik, der Wissenschaft und Medizin, - Christen,
Juden, Anders- oder Nichtgläubige - , Männer wie
Frauen, Mädchen wie Jungen. Das Deutschland
nach der faschistischen Machtübernahme konnte
nicht mehr das Ihre sein, und sie glaubten und
hofften, mit ihrer Flucht in die Emigration drohen-
der Verfolgung und bedrohtem Leben entgehen zu
können.

Unter den Flüchtenden waren zahlreiche Schriftstellerinnen[3] des deutschen Sprachraumes, die im
Zentrum dieses Buches stehen sollen: Anna
Seghers, Erika Mann, Marta Feuchtwanger sowie
weniger prominente oder sogar vergessene wie
Louise Straus-Ernst (gen.‚Lou Ernst'), Anna Gmeyner, Lisa Fittko, Gina Kaus, Hertha Pauli und Susanne Bach. Frauen unterschiedlicher Biografie,
antifaschistischer Auffassung und Haltung, sowie
sehr sich unterscheidender literarischer Produktion und Intensität. Was sie aber alle in ihrem exilierten Dasein und schriftstellerischem Arbeiten
einte, war das weniger und mehr bis vollständige
Arbeits- und Publikationsverbot bei realer Lebens-
bedrohung durch den faschistischen Macht- und
Gewaltapparat, entweder aufgrund jüdisch-famili-
ärer Kontexte oder/und kulturpolitisch bereits in-
dizierter Textveröffentlichungen oder des absehbar
drohenden Verbots. Manche von ihnen flüchteten
bereits mit der faschistischen Machtübernahme
1933, andere wie die *Les Autrichienes'* unter ihnen
oft erst mit dem sog. *Anschluss* an das 'Deutsche

---

[3] Gesonderte Beachtung österreichischer oder deutscher Abstammung erscheinen
angesichts des bedrohten Lebens obsolet

Reich'1938, wie Gina Kaus, Hertha Pauli und Lisa Fittko.

Darin eingebunden ihre wirklichen Lebensräume im Exil, ihre erhaltenen und selbst gestalteten Nischen. Respektive deren *Hohlräumen der Gefühle*[4], in die hinein der Nationalsozialismus tatsächlich auch wirkte, bzw. hier in wesentlicher Bedeutung, erfolgreich konsequent nicht wirken konnte.

Eine authentisch erscheinende Beschreibung eines exilierten weiblichen Lebens in dem Widerspruch von Gewöhnlichkeit und Gefahr, - während dieser auch gleichermaßen nahezu gewöhnlich zu einer Einheit verschmilzt - , liefert exemplarisch Anna Seghers in ihrer kleinen Schrift *Frauen und Kinder in der Emigration:*

> (…)*sobald die Last untragbar, sobald das Leben unlebbar, sobald der Entschluß zur Emigration unweigerlich ist, tritt die Frau auf den Plan. Dieser Entschluß erweckt ihr ganzes Wesen, Teile ihres Wesens, die ein gewöhnliches, alltägliches Leben nie gezeigt hätte.(…)Die Frau, die die Grenze passiert hat, die eines Abends am Gare de l'Est ankommt, die ist hellwach, nicht nur aus Gespanntheit, aus Erschöpfung – hellwach in ihr ist die Kraft, die vielleicht ihr Leben lang, vielleicht Jahrhunderte verschüttet war, weil niemand ihrer bedurfte. Sie wird vor den ungewöhnlichsten Augenblick gestellt, auf daß sie ihn zwinge, die Züge des gewöhnlichen Lebens anzunehmen, damit man ihn ertragen kann.*

---

[4] Vgl. Anna Seghers, *Über Kunstwerk und Wirklichkeit.* Band I. Berlin 1970. S.197f: *Die Bewußtbarmachung der Wirklichkeit durch die Kunst umfaßt alle Gebiete des Lebens. Die »Tendenzkunst « hat große Gebiete unbeachtet gelassen, und der Faschismus hat später diese* **Hohlräume der Gefühle** *für sich benutzt. Die «reinen« Künstler lassen einen gefährlicheren Hohlraum, indem sie das Wichtigste, das Menschlichste, das geschichtsbildende Element auslassen.*

Natürlich betrifft das, was auch zu zeigen sein wird, die verfügbare Kraft einer schriftstellernden Frau und selbstredend, - soweit deren persönlicher Bezugszusammenhang eine Familie oder 'nur' der Partner im Exil ist -, darin die einer Frau überhaupt in ihrer Mehrfachfunktion im zurückliegenden, aber natürlich präsenten, wie momentanen gesellschaftlichen Kontext des Exils. Nämlich eben der als Frau, Mutter, als der Familienmittelpunkt und selbst werktätig Schaffende, wenn auch dem Mann mehrheitlich die Funktion des eigentlichen 'Ernährers' zugeschrieben und realiter im jeweiligen Gesellschaftskontext zukommt.
Gleichermaßen soll Anna Seghers' Aussage Problemstellung wie auch Zielformulierung dieser Arbeit in Doppelheit ausdrücken. Nämlich einerseits die abzubildende alltägliche, gewöhnliche wie gefährliche Lebens- und Arbeitssituation von Emigrant_Innen überhaupt in oft mehrfacher Funktion. Zum anderen auch der dazugehörige Teil, der die Verortungen außerhalb ihres Exil-Zuhauses in den metropolen Städten Paris, Marseille, Lissabon betrifft, nämlich insbesondere öffentliche Räume wie Cafés,Warteräume und Flure von Botschaften und Konsulaten, worin die Emigrant_Innen oft ge-

---

[5] Heike Klapdor: *Überlebensstrategie statt Lebensentwurf. In:* Exilforschung Band 11, *Frauen im Exil.* München 1993. S. 12ff.; In: Anna Seghers, »Frauen und Kinder in der Emigration«, Anna Seghers – Wieland Herzfelde, Gewöhnliches und gefährliches Leben, a.a.O. S.129-131.

zwungen waren sich aufzuhalten.Anlehnend an die sehr schöne Begriffsprägung von Hermann Kesten bezeichne ich diese zusammenfassend und folgerichtig als *Wartesäle der Poesie*.[6]

Damit ist sozusagen dann auch gleichermaßen der situative und produktiv-tätige Kontext als Einheit umrissen,während die darin innewohnende Widersprüchlichkeit zur jeweiligen vorfindbaren historischen und gesellschaftlichen Situation als dialektischer Prozess zu verstehen und zu beschreiben sein wird.

Literarisch-methodisch sollen Textaussagen ausgewählter Autorinnen als kleine Sammlung Fundus, Quelle sein, um überhaupt die Alltäglichkeit subjektiv wie objektivierend adäquat beschreiben zu können.Worum es auch handeln wird, ist die Unterschiedlichkeit exilierten Seins[7], wie dessen Unterschiedlichkeit von Männern und Frauen. Dabei soll deutlich werden, dass Frauen möglicherweise die 'Tragenden' in der *Gewöhnlichkeit* und *Gefährlichkeit* dieses außergewöhnlichen Daseins waren. Für sich ausschließlich oder/und mit Männern und Kindern. Berthold Viertel hatte das einmal trefflich aus anerkennender männlicher Sicht in seinem Gedicht *Die Frauen* so ausgedrückt:

> *Die durchs Exil uns tragen*
> *Die Frauen, uns verbunden ...*
> *Im endlosen Trott und mit Hast*
> *Und der Mann war oft eine schwere Undankbare*
> *Last*

---

[6] Hermann Kesten prägte einmal dieses wunderbar treffende Idiom (vgl. Hermann Kesten: *Dichter im Café*. Wien/München/Basel 1959. *S.12*

[7] vgl. Inge Hansen Schaberg, *Exilforschung – Stand und Perspektive*. In: Politik und Zeitgeschichte. 64. Jahrgang-42/2014. Bonn 2014. S.5: *Übersehen wurde dabei oft (bzgl.der Bewahrung und Pflege des kulturellen Erbes, RH), dass mit diesem Begriff von einer ins Exil geretteten einheitlichen nationalen und kulturellen Identität ausgegangen wurde, die jedoch nie bestanden hat.*

I.

1. Einführung zur politischen Situation im Umfeld
Verlauf 1929 -1941[8]

24.10.1929

Börsenkrach in New York – Beginn der

Weltwirtschaftskrise

Der Schwarze Donnerstag ist mit seinem Börsenkrach in
New York der Beginn einer weltweiten Wirtschaftskrise.

28.1.1933

Rücktritt Schleichers

Hitler und Papen verbünden sich gegen Schleicher.
Schleicher erklärt am 28. Januar 1933 seinen Rücktritt.

30.1.1933

Ernennung Adolf Hitlers zum Reichskanzler

Die Ernennung Adolf Hitlers zum Reichskanzler bringt
für Deutschland und Europa schwerwiegende Folgen mit
sich.

1.2.1933

Auflösung des Reichstages

RP Hindenburg löst im Februar den Reichstag auf und
setzt Neuwahlen für den 5. März 1933 an.

---

[8] *Zeitstrahl*, Bundesministerium für Politische Bildung; http://www.kids-interactive.de

27.2.1933

Der Reichstagsbrand und seine Folgen

Ende Februar brennt der Reichstag. Die Folgen des Brandes sind das Ende der sog. ‚Weimarer'Demokratie in Deutschland.

10.5.1933

'Bücherverbrennung'

13.1.1935

Die Saarabstimmung

Die meisten Saarländer stimmen für eine Wiedereingliederung des Saargebietes in das Deutsche Reich.

16.3.1935

Wiedereinführung der allgemeinen Wehrpflicht

bedeutet einen Bruch des Versailler Vertrages.

 26.6.1935

Inkrafttreten des Reichsarbeitsdienstes

Der Reichsarbeitsdienst wird ab 1935 für die Männer
Pflicht, für die Frauen ab 1939._

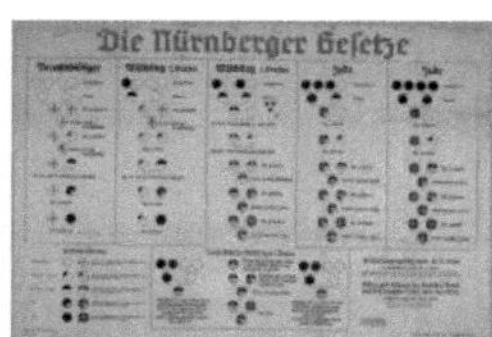 15.9.1935

Nürnberger Gesetze

Hitler verkündet auf dem Reichsparteitag in Nürnberg die
so genannten "Nürnberger Gesetze".

 Februar 1938

Verhandlungen über Österreich

Am 12. Februar trifft sich Hitler mit dem österreichischen
Bundeskanzler Kurt von Schuschnigg. Hitler droht mit
dem Einmarsch der Wehrmacht.

12.3.1938

Der *Anschluss* Österreichs

In Österreich marschieren deutsche Truppen ein und besetzen das Land. Die Nationalsozialisten sehen dies als *Wiedervereinigung* mit Österreich.

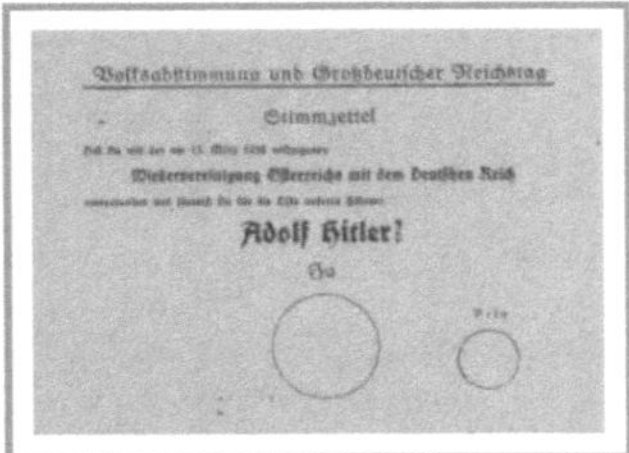

10.4.1938

Volksabstimmung über *Anschluss* Österreichs

Spätsommer 1938

Das Münchner Abkommen

Nach der Konferenz von München ist das Ende der Tschechoslowakei schon fast abzusehen. Das erste Ergebnis ist die Abtretung des Sudentenlandes.

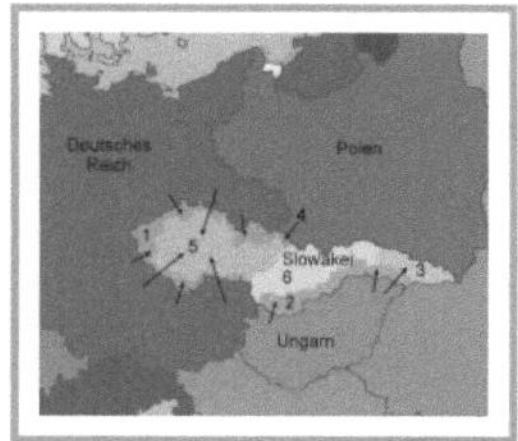15.3.1939

Einmarsch in die Tschechoslowakei

Deutsche Truppen marschieren in die Tschechoslowakei
ein. Am Tag darauf wird das Protektorat Böhmen und
Mähren errichtet.

23.8.1939

deutsch-sowjetischer Nichtangriffspakt

Die Sowjetunion und das Deutsche Reich schließen einen
auf zehn Jahre befristeten Nichtangriffspakt.

1.9.1939

Überfall auf Polen

Den vorgetäuschten Überfall auf den deutschen Sender
Gleiwitz durch Polen nimmt Hitler zum Anlass für einen
Gegenangriff auf Polen.

9.4.1940

Angriff auf Dänemark und Norwegen

Ohne Kriegserklärung marschiert die deutsche
Wehrmacht in Dänemark und Norwegen ein und stößt
auf wenig Gegenwehr.

10.5.1940

Überfall auf Belgien

Die deutsche Wehrmacht marschiert durch die Benelux-
Staaten. Der Angriff kommt überraschend.

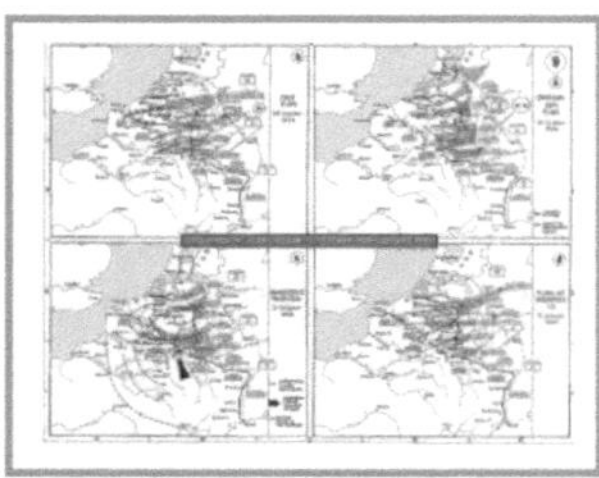
Mai 1940

Beginn der *Westoffensive*: 1. Phase

Im Mai 1940 beginnt die so genannte *Westoffensive*.
Neben dem Krieg im Osten soll der Krieg im Westen
schnell eine Entscheidung herbeiführen.

5.6.1940

Die *Westoffensive*: 2. Phase

Die zweite Phase der so genannten *Schlacht um Frankreich* beginnt am 5. Juni.

22.6.1940

Waffenstillstand von Compiègne

Der französisch-deutsche Waffenstillstand ist für die Deutschen eine späte Rache für den Waffenstillstand von Compiègne 1918.

22.6.1941

Unternehmen Barbarossa

ist der Deckname für Hitlers Angriffsplan auf die Sowjetunion. Am 22. Juni 1941 beginnt der Angriff ohne Kriegserklärung.

Das Wesen eines geschichtlichen Zeitstrahls liegt darin, eine punktuelle Kurzübersicht zu zeigen.
Das kann natürlich keine Geschichtsschreibung ersetzen, geschweige denn als eine solche Gültigkeit beanspruchen.
Hier kommt es auf eine Übersicht an, die auf im Text bezeichnete Daten und Ereignisse, mit denen dort bezeichnete Personen in Verbindung standen, verweisen.Damit ist natürlich noch nicht eine Hintergründung und ein Zusammenhang bereit- und hergestellt.Um dies zu leisten, sind Leser_Innen, gefordert, sich darum zu kümmern. Über den hier vorgelegten Ansatz, wenn nötig, hinaus.
Es erscheint in herkömmlich medial verbreiteter bürgerlicher Geschichtsdarstellung oft als sei die 'Machtergreifung' Adolf Hitlers im wesentlichen eine Frage der Vielparteilichkeit der 'Weimarer Republik' und letztlich ein zunächst nicht zu verhindernder Akt parlamentarischer Gesetzlichkeit und darin solcher Mehrheiten.Die'Ernennung' Hitlers zum Reichskanzler stellte sich zwar scheinbar zunächst dar als parlamentarischer Akt des zuständigen Reichspräsidenten Heinrich von Hindenburg. Dem Wesen nach allerdings handelte es sich um eine gefährliche Kollaboration der deutschen kapitalistischen Konzernspitzen mit der NSDAP, die sie als Zauberlehrling hofierten, lancier -ten und protegierten. Das entsprechende historische Ereignis dazu im Vorlauf bedeutete gewissermaßen das Spitzentreffen als 'Geheimtreffen' Adolf Hitlers mit diesem Kreis der Auserwählten am 20.2.1933 im Berliner 'Reichstagspräsidentenpalais'[9]. Dies und der Bezug auf die ökonomische Misslage der Industriekonzerne und Großbanken während der noch anhaltenden 'Weltwirtschafts-

---

[9] vgl. Kurt Pätzold, Manfred Weißbecker: *Hakenkreuz und Totenkopf, Die Partei des Verbrechens*. Berlin 1981;
http://de.wikipedia.org/wiki/Geheimtreffen vom 20.Februar 1933

krise als Krise des Kapitals, kann als Grundstruktur gelten, um mit Macht diesem Adolf Hitler und der NSDAP zur vollkommenen parlamentarisch legitimierten Macht zu verhelfen.

Die weiteren im Zeitstrahl aufgeführten Kerndaten basieren auf dieser Grundlage, indem sie sozusagen aus diesem bereitgestellten *Schoß* krochen. Indem sie ökonomisch, politisch-militärisch nach Innen und nach Außen, antihumanistisch-mörderisch zur imperialen Erweiterung des Reichs, zur Vernichtung des Judentums als 'antiarisch- und bolschewistisch-kommunistischer' Rasse, wie eben zur vernichtenden Bekämpfung des noch jungen Kommunismus als Weltbewegung antraten. Derlei Betrachtung versteht notwendig den Faschismus als höchstes, menschenverachtendes Stadium des Kapitalismus.

Schon mit dem selbst inszenierten sog. Reichtagsbrand, für den das Judentum und der Kommunismus in einer Person verantwortlich dekretiert wurde, während die bereits vorbereitete *Verordnung zum Schutz von Volk und Staat* schon am darauffolgenden Tag,27.Februar, verkündet wurde. Dieses Gesetz wie das sog. *Ermächtigungsgesetz vom 23. März 1933* und folgende sollten nach Innen die erneute Prosperität, dh. den Maximalprofit der Großindustrie und der Banken sichern, wozu natürlich die entwickelte Massenarbeitslosigkeit massiv bekämpft werden musste durch Senkung des Lohnniveaus vor der Krise, durch Investitionen in die teils marode Infrastruktur und in den Konsumtionssektor zur *Einheit von Volk und Staat.* Nach Außen ein als gemeinsam geltender Feind des Volkes ausgemacht werden musste, die'Unter'-Menschen der Ostgebiete,deren Siedlungs-,Arbeits- und Lebensgebiete. Die UdSSR als solche.

All das war nicht allein die agressiv-imperiale Leistung einer Person Adolf Hitler, sondern eine, deren Interessensbasis und -leitung sich im herrschenden kapitalistischen System gründete, deren kapitalen Stellvertretern und deren konservativ bis faschistischer Interessensvertreter in der namhaften Politik. Das war auch der Grund, zunächst jedenfalls, warum sich der antifaschistische Kampf auch gegen Kapitalismus und Imperialismus richtete, ja richten musste.

2.

Lektürebegegnung: Texte als Abbild von historischen Wirklichkeiten 1933-1941

Nach der de facto Machtergreifung Adolf Hitlers als von Kapital und Politik implantiertem Reichskanzler und damit der NSDAP als führendes Machtinstrument im Januar 1933, entwickelten sich unterschiedliche historische, nationale wie internationale Ereignisse in Folge.
Befanden sich Schriftstellerinnen auf der Flucht, bereits exiliert in Paris oder aber arbeits- und lebensbedroht noch geduldet, wie eben die österreichischen Schriftstellerinnen ab 1938, so reflektier ten sie diese aus unterschiedlichen zeitlichen und situativen Kontexten. Soweit solche, erneute Gefahren wie aber auch Hoffnung bringende Ereignisse,virulent in allgemeiner und auch individueller Seinslage aus der Beobachtung oder gar Betroffenheit texturiert wurden, werden sie in diesem Kapitel zunächst weitgehend unkommentiert, narrativ zitiert. Gelesen werden sollten sie als Äußerung im Kontext der beschriebenen Situation selbst, als erzeugtes literarisches Produkt in dialektischer Wechselbeziehung der aktuell individuellen und der sie umgebenden weltlich-gesellschaftlichen Situation. Nämlich grundlegend der, nicht mehr an die jeweilige Heimat gebunden arbeiten und leben zu können. Diese Literatur wird so verstehbar als politisch begründete, auch wenn manche Autorinnen, wie gerade Gina Kaus und Susanne Bach, sich nicht als 'Politische' bezeichneten. Das scheint eher dem Umstand geschuldet, dass sie in der Weise nicht aktiv antifaschistisch tätig waren.
Als nicht im Besonderen hervorhebbar an dieser Stelle erachte ich die grundlegende Tatsache, dass es sich bei den ausgewählten Schriftstellerinnen

um jüdische, mit jüdischem Hintergrund oder politisch aktive bzw. nicht aktive handelt. Vielmehr darum, dass sie überhaupt verfolgte Frauen und Schriftstellerinnen und,- bis auf Ausnahmen -, zu den weniger bekannten und erörterten in der historisch motivierten Literaturwissenschaft gehören. Dies erscheint mir Grund genug, ihre textgebundenen Aussagen in den Focus zu stellen.

Louise Straus-Ernst (gen. Lou Ernst)

Um vier Uhr (Januar 1933, d.Verf.) hatten die Nazis den Oberbürgermeister Adenauer zum Rücktritt gezwungen. Das hatte schon in den Zeitungen gestanden. Aber ich wollte wissen, vor allem sehen, ob Jo (d.i.?) überhaupt noch da war. Er war noch da, ernst und gedrückt. «Hast du das schon gesehen?» fragte er mit verhaltener Stimme und führte mich ans Fenster. Das Büro lag in einem Anbau, sodass man über den Platz weg auf den Rathausturm sehen konnte, den schönen, stolzen, spätgotischen Turm, den die Kölner Bürger zum Zeichen ihrer Unabhängigkeit errichtet hatten. Hoch flatterte auf diesem Turm die rote Hakenkreuzfahne ... Nein, ich wollte nicht weinen vor diesem Symbol unserer Niederlage. Ich kniff die Augen fest zusammen, sah scheu zu Jo hinüber. Dem liefen die Tränen übers Gesicht ... Da weinten wir zusammen. ... Viele meiner Freunde verloren ihre Stellen an Museen und Verwaltungen. Nicht alle waren Juden, aber sie hatten vielleicht eine jüdische Frau oder Beziehungen zu Sozialisten.[10]
[...]

---

[10] Luise Straus-Ernst, *Nomadengut.* Sprengel Museum Hannover. O.A. (©1999 by Dallas Ernst. Library of Congress Card. No.: TXU 509640). vgl. dazu den Auftakt des Fortsetzungsromans von Lou Ernst: *Zauberkreis Paris,* (PTB 31.12.1934 + 1.1.1935) Kap. I/II.

In den folgenden Monaten übernahmen die Nationalsozialisten die Polizeigewalt und ande-re ‚Abweichungen von der Verfassung' folgten, gegen die nur wenige protestierten.Lehrer tru-gen ihre Hakenkreuz-Abzeichen offen am Kra-gen,während sie Latein gaben; in einer eilends angesetzten Unterrichtspause wurde die Nazi-fahne auf dem Turm des Gymnasiums gehisst. Mein Kunstlehrer sagte zu mir: »Abgesehen da-von,daß du Jude bist, ist dein Vater obendrein auch ein degenerierter Künstler, und es wun-dert mich gar nicht, daß du ein so schlechter Schüler bist«. [11]

Gina Kaus

Dazu kam eine neue, größere Unsicherheit. Deutschland war ein bedrohlicher Nachbar und begann allmählich, sich bemerkbar zu machen. Seit der Ermordung Dollfuß' (25.Juli 1934, Begründer des sog. 'Austrofaschismus', d.Verf.) hatten wir vier Jahre in den Tag hinein gelebt.; in Wien war es äußerlich ruhig, die na-tionalsozialistische Partei war verboten, man sah keine Hakenkreuze. Das alles änderte sich über Nacht, nachdem der »Führer« Schuschnigg zu sich nach Berch-tesgaden (12. Februar 1938, d.Verf.) beschie-den hatte und ihn dort, -das stand nicht in den Zeitungen, aber einer sagte es dem andern-, wie einen Lakai behandelt hatte. Plötzlich sah man Hakenkreuze, man hörte das Hans-Wessel-Lied. Die Polizei schritt nicht dagegen ein. Schuschnigg kündigte Volksabstimmung an. Die meisten Leute, die ich sprach, meinten, er könnte gar nicht verlieren, die Massen

---

[11] Jimmy Ernst, *Nicht gerade ein Stillleben Erinnerungen an meinen Vater Max Ernst.* Köln 1985. *S. 106.*

stünden hinter ihm, und so sehr die Regierung die Sozialisten bekämpft hatte – wenn es gegen Hitler ging, würden sie zusammenstehen.[12] (…)
Am ersten September 1939 saßen wir vier – Eduard, meine beiden Buben und ich – um einen Tisch auf der ‚Ile de France'. Hitler war in Polen eingefallen, aber der große Krieg war noch nicht ausgebrochen. Wir fühlten uns gerettet und glücklich, wir waren auf dem Weg nach Amerika. (…) Sie hatten Zeitungen mitgebracht: Der Krieg war erklärt.[13]

Susanne Bach

Ich wollte meine Mutter dort (München) *besuchen, was aber nahezu lebensgefährlich war. Wir waren im Januar 1938. Die innenpolitische Spannung in Deutschland war bereits sehr stark.(…)Der Beamte hatte schon seinen Stempel in der Hand, um meinem Paß den Einreisevermerk aufzudrücken, als er plötzlich innehielt und mich fragte:*
„Sind Sie Jüdin?"
„Ja"
„Dann können Sie nicht nach Deutschland hinein."
„Nur zwei Tage, um meine kranke Mutter zu besuchen."
„Nein, es tut mir leid. Das heißt, ich kann Sie nicht daran hindern, in Ihr Vaterland zurückzukehren, aber ich bereite Sie darauf vor, daß Sie sofort angehalten und gleich in ein Schulungslager (d.i.'KZ',d.Verf.)*gebracht werden."*[14]
Die allgemeine Spannung, die in Paris im

---

[12] Gina Kaus, *Und was für ein Leben*, a.a.O., S. 198
[13] ebenda, S.225
[14] Susanne Bach, *Karussell*, Nürnberg 1991. S. 33f

September herrschte, erhöhte sich von Tag zu Tag. Hitlers Einmarsch in die Tschechoslowakei warf ihre Schrecken voraus. Es kam zu den ersten Mobilmachungen – heute eine bestimmte Klasse von Reservisten, morgen eine andere. Wer weg konnte, zog sich für Monate aufs Land zurück, (…) Eine Art Exodus begann, vor allem unter den besser situierten Bürgern. Jeder sprach von einem bevorstehenden Krieg. [15]
Am nächsten Tag, den 27. September erschien die Schriftstellerin triumphierend in der Rue Bellechase(…)und rief voller Begeisterung aus: „Kein Krieg, Kinder! Daladier und Bonnet werden den Führer und Mussolini in München treffen und alles wird sich arrangieren." Alle waren erleichtert. Man umarmte sich. Wir waren glücklich über die abgewehrte Gefahr.
Für Leute wie mich, die sozusagen apolitisch waren und nicht hinter die Kulissen schauten, mußte „München" (die'Münchner Konferenz', 29/30.September1938,d.Verf.) einer Befreiung gleichkommen, ein Friede ohne Krieg. Aber diese wohltuende Wirkung des Münchner Treffens war nicht von langer Dauer. [16]
(…)
Die Ereignisse waren aber dazu geeignet, auch den Optimismus des friedliebendsten Menschen zu zerstören. An dem Tag, an dem das deutsch-russische Bündnis bekannt wurde (sog. 'Nichtangriffspakt' v. 28.3.1938, d.Verf.), war ich unterwegs nach Aix-en-Provence.
Freitag, 1. September (1939, d.Verf.).
„Sie haben heute früh Polen besetzt. Das bedeutet Krieg."…Während der ersten Kriegswochen gab es häufig Fliegeralarm und alle Leute stiegen in den Keller hinunter. Der Keller

---

[15] ebenda.S.49
[16] ebenda.S.50

*des Hotel Henri IV stammte sicher noch aus
dem 17. Jahrhundert .[17]*
*Ich nehme an, daß wir damals mehr auf Befehl
der Deutschen gefangen gehalten wurden als
auf den der Franzosen (Lager ‚Gurs'/Pyrenäen
nach dem sog. ‚Waffenstillstandsabkommen v.
22. Juni 1940, d.Verf.) Das Lager wurde zwar
offiziell noch von einem französischen Offizier
befehligt, aber es war leicht zu sehen, daß die
Nazis damit machen konnten, was sie wollten.
Sie zögerten jedoch, Gewalt anzuwenden, bevor die Nazigegnerinnen von den Nazifreundin-
nen getrennt waren.[18]*
(…)
*Aber dieser Zug ging nicht nach Saint Germain,
- er ging nach Vichy. (…) Für uns war damals
die Vichy-Regierung die loyale und legitime Regierung eines freien Frankreichs, denn sie war
vor den Deutschen geflohen.[19]*

Hertha Pauli

*Bist Du mit der am 13.März (1938, d.Verf.)
vollzogenen
WIEDERVEREINIGUNG VON ÖSTERREICH MIT
DEM DEUTSCHEN REICH
einverstanden und stimmst Du für die Liste
unseres Führers ADOLF HITLER?[20]*
*»Unter dem Jubel der Massen«, so hieß es,
»wurde am 11.April im Wiener Konzerthaus
das Ergebnis der Volksbefragung verkündet:
99:1 für das große JA.« Damit sollten wir »für
alle Ewigkeit zu Deutschland und seinem*

---

[17] ebenda.S.56
[18] ebenda.S.71
[19] ebenda.S.76
[20] Hertha Pauli, *Der Riss der Zeit*, a.a.O., S. 37

Führer gehören«.[21]

(…)

Auch für uns spitzte sich die Lage zu. Österreich war die Ostmark, ein Gau des Dritten Reiches, und das deutsche Konsulat zog österreichische Pässe ein, um sie durch neue, deutsche zu ersetzen – gegebenenfalls mit einem »J«, für Jude, unter dem Hakenkreuz.[22]

(…)

Zernatto, aus dem Kabinett Schuschnigg, war geflüchtet und schrieb:

Man muß bedenken, daß die Nationalsozialisten meine Freunde und Kameraden verleumdet, in Not gestürzt, verfolgt und eingekerkert haben …

Erst nach dem Zweiten Weltkrieg ging aus den Akten der deutschen Wehrmacht hervor, daß die »Einverleibung« der Sudetendeutschen von Anfang an auf den 1. Oktober festgesetzt gewesen war. [23] *(…)*

Am 30. September (1938, d. Verf.) landeten Mussolini, Daladier und Chamberlaine in München. Mit ernsten Mienen, sinnlosstill, konnten wir die Herren in der Pariser Wochenschau an uns vorüberziehen sehen. … Die deutschen Generäle folgten ihrem Führer, schwarz-weiß im Bild, die Orden auf der Brust, und schwiegen. Wir schwiegen auch.[24] *(…)*

Als wir zum Landungsplatz zurückkamen, empfing uns statt des jungen Bootsmannes eine alte Frau, die weinte. Was war geschehen? Die Deutschen hatten Polen überfallen, ohne Kriegserklärung. Ihr Sohn war schon fort, zur Mobilisierung. Im letzten Krieg – kurz vor

---

[21] ebenda. S.41
[22] ebenda. S.42
[23] ebenda. S.43
[24] ebenda. S.77

seiner Geburt – war sein Vater gefallen. »Immer diese „boches". Haben denn die keine Mütter?« fragte die Frau.[25] *(…)*

England hatte Adolf Hitler den Krieg erklärt – Frankreich, was war mit Frankreich? Noch kein Wort. … Nur gut, daß uns keiner hören konnte, weil das Radio laut die Marseillaise spielte, sie folgte der französischen Kriegserklärung, und alles erhob sich.[26] *(…)*

»Es ist in ihrem eigenen Interesse«, erklärte mir der Mann in Uniform, »daß wir Sie aus Paris heraus, in den Süden bringen, ins Frauenlager Gurs.« … Man wolle die Frauen in Sicherheit bringen. »In Schutzhaft«, höhnte ich.[27]

Eric sah die Weltereignisse und seine Frau zugleich einer Krise entgegen. Am 9.April (1940, d.Verf.) überfielen die Deutschen im Blitzkrieg Dänemark und Norwegen. Es gab kein Halten mehr. (…) Am Morgen hörten wir, daß der Gare de Lyon getroffen worden sei, während die deutschen Truppen zu Lande, zu Wasser und aus der Luft gleichzeitig in drei Länder einfielen: Belgien, Luxemburg und Holland, das sich verzweifelt wehrte.[28] *(…)*

Die Marseillaise wurde lauter. »Le jour de gloire est arrivé…« Dann eine Stimme, klar und deutlich, völlig ungestört. »Marshall Pétain hat mit demFührer einenWaffenstillstand geschlossen.« [29] *(…)*

»Die französische Regierung hat sich bereit erklärt, jeden von uns auf Anforderung der deutschen Regierung auszuliefern«, erzählte Leonhard Frank. »Wißt ihr das nicht? Steht doch im

---

[25] ebenda.S.111
[26] ebenda.S.116
[27] ebenda.S.141
[28] ebenda.S.142f
[29] ebenda.S.160

Waffenstillstandsvertrag.« Frank machte uns Angst. Deutsche, das waren nicht nur er, oder Heinrich Mann, auch Feuchtwanger und Mehring gehörten dazu, denn in diesem Zusammenhang bezeichnete der Führer gerne auch Juden als Deutsche.[30]

(...)

Vichy,der Name sagte alles. Dort saß die neue französische Regierung unter Marschall Pétain und PierreLaval,die Frankreichs Übergabe und Verträge mit dem Führer abgeschlossen hatte; darunter die Festsetzung der besetzten Gebiete, die Zusammenarbeit der französischen Polizei mit der Gestapo und der berüchtigte Paragraph 19 des Waffenstillstandsvertrages, der ausdrücklich die Auslieferung aller sogenannten deutschen Untertanen auf Verlangen garantierte.[31]

---

[30] ebenda.S.183
[31] ebenda.S.203

II.
Stadtwirklichkeiten 1933-1941

1. Paris

*Dass Paris seine bezauberndste Zeit im Früh -
ling habe, ist eine Behauptung, die, obwohl
längst ein Geheimplatz geworden, nichts an
Wahrheit eingebüsst hat. Doch in diesem Frühling 1933 war Paris nicht mehr die märchenhafte, alltagsferne Stadt, in der man ziellos
und ferienselig schlenderte.*[32]

So Lou Ernst als Eingangsstatement in ihrem Paris
–Roman *Zauberkreis Paris*, das man durchaus kul-
turgeschichtlich wie aber auch dazu ergänzend
‚nur‘ emotional romantisch als gültiges aufgreifen
kann. Und dies über einen Zeitraum seit der großen bürgerlichen Revolution 1789, mit der die
allseits ersehnten und geliebten demokratisieren-
den und humanisierenden Begriffe *Liberté, Égalité,
Frâternité* sich an diesem Ort realisieren sollten
und sich auch in Teilen realisierten.[33] Wie auch die
historische und bürgerliche städtebauliche Architektur herausragend in Europa diesen Empfindun-
gen vielseitige Grundlagen bot.[34] Auch unsere Autorin Susanne Bach hatte sich vordem zu Paris als

---

[32] Lou Ernst,vgl. Anm.42

[33] Unser großer deutscher Dichter der Freiheit, Heinrich Heine, selbst Exilant, hatte seit
1831darüber poetisiert und bei allem politischen Dissens genossen (vgl. Roland Hoja,
*Heinrich Heines Lektürebegnungen in der Matratzengruft 1848-1856. Bielefeld. Diss.
2006)*

[34] Vgl. *Magnet Paris*; Mythos Paris; *Zur Topographie des literarischen und publizis-
tischen Exils in Paris.* In: Anne Saint Sauveur-Henn (Hg.), *Fluchtziel Paris.* Berlin 2002.
S.244f, S.261ff, S.271ff, S.280f; und *Wege durch Paris, Schauplätze, Stadtdurchquerungen.* In: Krohn, Claus-Dieter (Hg.), *Metropolen des Exils.* München 2002.S. 271ff,
S.131ff

ihrem *Traum* geäußert:

> *Seit meinem siebzehnten Lebensjahr war es
> mein größter Wunsch, Paris kennenzulernen,
> und mit großem Eifer studierte ich die Ge-
> schichte und vor allem den Stadtplan von
> Paris. (...) Im Herbst 1929 hatte ich genug Geld
> beisammen, um erstmal eine kurze Reise in die
> Stadt meiner Träume machen zu können.*[35]

So bei ihr im Oktober 1933: *Diesmal war es doch
etwas ganz anderes* (ebenda) oder bei Lou Ernst:
*Doch in diesem Frühling 1933 war Paris nicht mehr
die märchenhafte, alltagsferne Stadt, in der man
ziellos und ferienselig schlenderte* (ebenda) oder bei
allen anderen Frauen war es diesmal, 1933-1941,
etwas ganz anderes.

Nämlich ein Paris als Fluchtstätte, Ort des vorläu-
figen Exils, Ort des Willkommenseis und Ort der
Verfolgten und *Schutz*-Internierten, Ort der erneu-
ten Flucht beim Anrücken der faschistischen Mili-
tärmaschinerie im Gewande der Deutschen Wehrmacht von Anbeginn des sog. *Westfeldzuges* im
Mai 1940, Ort der Solidarität, aber auch der Kollaboration und Verfemung nach Besetzung von Paris
am 14.Juni 1940. –

Wir eignen uns hier die Sichtweisen der verfolgten
Schriftstellerinnen in gesammelten Auszügen an,
die natürlich immer nur subjektiv vererdet sind
wie sie gleichermaßen eben auch nur solchen Aus-
schnitt zeigen.

Das rein Narrative und Mosaikhafte bezüglich ge-
schichtlicher Ereignisse wird sich auch an dieser
Stelle am Ende zu einer situativen Gesamtsicht
vereinen, woraus objektivierte Wirklichkeit als ka-
leidoskopisches Bild erscheint.Auf diesem Wege
will ich versuchen,-jenseits von bereits gültigen

---

[35] Susanne Bach, a.a.O.,S.2

und wirkenden Bildern dieser Pariser Zeit-, ergänzende spezifisch frauenaffine textgebunden zu bezeichnen. Allerdings wird sich wohl eher ein auf Paris bezogener Bildausschnitt entwickeln lassen, denn auf Marseille und Lissabon, weil zu letzteren Zuflucht- und Ausreiseorten weniger hier nutzbares Schriftstellerinnen gebundenes Quellenmaterial verfügbar ist. Jedenfalls nicht im hier beabsichtigten ortsbeschreibendem Sinne.

Susanne Bach

Als ich mir des fehlenden Telefons bewußt wurde, merkte ich, daß es kaum mehr Leute in Paris gab, die mich anrufen würden. Einige meiner Freunde und Bekannten waren in Colombes (Pariser Sammellager im Stade Colombes, d. Verf.) interniert, andere waren beim Militär oder in anderen Ämtern und diejenigen, die in Paris nicht durch ihre Pflichten festgehalten wurden, zogen es vor, aufs Land zu gehen.[36]
Was Frankreich betraf, so war es noch nicht ernsthaft in Mitleidenschaft gezogen. Der ,komische Krieg' – drôle du guerre, - wie kampf- und siegeslustige Leute ihn nannten -, ging im Osten weiter. (…) Und dieser Zustand der Unbekümmertheit und der falschen Sicherheit dauerte bis zum Vorabend des Debakels an. Nur ein Beispiel: am 16. Mai 1940, also nur sechs Tage nach dem Einbruch der Deutschen in Belgien, Holland und Luxemburg, und kaum vierzehn Tage vor dem ersten Bombardement von Paris und vier Wochen vor dem Einzug der Deutschen in die Hauptstadt, erschien … der Besitzer des Hotels Henri IV bei mir, um mir mitzuteilen, daß er das Hotel am 1. Juni wieder aufmachen

---

[36] Susanne Bach, a.a.O., S.57

würde.[37]

Am 13. Mai 1940, Pfingstmontag, - ein Tag, der freudig und heiter gefeiert werden sollte, - trugen die Wände der Bezirksämter Anschläge, durch die alle Frauen deutscher Herkunft von 17 bis 55 Jahren auf den übernächsten Tag ins „Vélodrome d'Hiver", eine Radrennbahn, beordert wurden. Dieses Dekret kam völlig überraschend, denn es hatte schon mehrmals geheißen, daß Frauen nicht interniert würden; die Männer waren allerdings schon seit September interniert. ... aber jetzt nach acht Kriegsmonaten, dachte ich nicht mehr an eine solche Maßnahme.[38]

Am 14. Juni (1940,d.Verf.) brachte uns jemand eine Zeitung, die einige Tage alt war, und durch sie erfuhren wir, daß Paris zur offenen Stadt erklärt worden war. Die Nazis waren in Rambuillet, als diese Zeitung erschien. Nun fragten wir uns: waren sie inzwischen in Paris eingerückt oder gab es noch Hoffnung?[39]

Hertha Pauli

Ich sah das Nazi-Material durch, das Carli mitgebracht hatte. Hakenkreuze krönten die Verlautbarung vom Hitler-Stalin-Pakt (Nichtangriffspakt zwischen dem Deutschen Reich und der Sowjetunion,d.Verf.), der stehe nun fest für die nächsten zehn Jahre. Wie Schwertgeklirr und Donnerhall, dachte ich. Die Aufrufe, die KG nun für drüben verfaßte, ließ er selber in Paris drucken. Carli arbeitete heimlich in dieser Druckerei. Ich versuchte, einen neuen Text für ihn aufzusetzen. »Erst gegen die Russen,

---

[37] ebenda.S.60
[38] ebenda.S.61
[39] ebenda.S.68

dann für die Russen«, notiere ich mir. »Was soll ich meinen Söhnen sagen?« Unterschrift: »Eine deutsche Mutter.«[40]

In dieser ersten Juniwoche strömten die Flüchtlingswellen durch Paris, vom Norden herein, nach Süden hinaus. Wir aber durften nicht fort. Die Ausgänge waren bewacht. Am 4. Juni fielen die Bomben auf das Ministerium der französischen Luftwaffe, die Citroen-Werke und die Seine-Brücken. [41]

Louise Straus-Ernst

Dass Paris seine bezauberndste Zeit im Frühling habe, ist eine Behauptung, die, obwohl längst ein Geheimplatz geworden, nichts an Wahrheit eingebüsst hat. Doch in diesem Frühling 1933 war Paris nicht mehr die märchenhafte, alltagsferne Stadt, in der man ziellos und ferienselig schlenderte. – Es war Zufluchtstätte geworden für viele Vertriebene, Stätte, die man auf ihre Möglichkeiten prüfen und erforschen musste, in der man sich auf ein ungewisses Bleiben einzurichten hatte. Und trotz silbrigem Dunst und zartem Grün der Alleen, trotz Sonnengeflimmer auf den Autoreihen der Champs-Elyseés, trotz ersten süßen Blumenduft, war Paris diesesmal im Grunde eine traurige Stadt.[42]

Wie es weiter gehen sollte, wusste kein Mensch, denn an einen Verdienst war kaum zu denken. Viel zu viel Franzosen waren arbeitslos, als dass man den Flüchtlingen die Arbeitserlaubnis hätte geben können. Und eigenes Geld, um von sich aus etwas anzufangen, be-

---

[40] Hertha Pauli, a.a.O, S.109
[41] ebenda. S.145
[42] Lou Ernst, *Zauberkreis Paris.* PTB Nr.387. 3.1.1935

sassen die Wenigsten. Aerzte, Anwälte, Kauf-
leute, die ein kleines oder größeres Kapital
mehr oder weniger aus Deutschland heraus-
gebracht hatten oder denen man von hause
aus ein wenig Geld zum Unterhalt senden
konnte, sassen zu Hunderten in den Hotels um
den Étoile herum.[43]

Lou Ernst besuchte mit ihrem Sohn Jimmy in den Jahren 1937/38 während seiner Ferienaufenthalte in Paris verschiedene Kunstausstellungen, die ihn aber zunächst nicht sonderlich interessierten. So versuchte sie ihm die Bedeutung der Kunst zu verdeutlichen, gerade in dieser Zeit nationalsozialistischer Bedrohung und Verrohung, wie auch die Iden eines aufkommenden Krieges:

Es heißt, daß es Krieg geben wird, einen gro-
ßen Krieg, anders als alle Kriege zuvor. Diesen
Krieg wollen dieselben Leute machen, die un-
sere Bücher verbrennen möchten, unsere Mu-
sik, unsere Poesie ... die Gemälde, die Skulptu-
ren, die Architektur. Sie wollen ein für allemal
alles Menschliche töten, das irgendwie über-
lebt hat, nachdem sie es in den Staub getreten
hatten, das langsam wieder aufgestanden ist
und schließlich doch gesiegt hat. ... Wenn ich
im nächsten Krieg sterbe – und das kann
durchaus sein, weißt du – dann möchte ich
sicher sein, daß ich nicht versäumt habe, das
Lebenswerte zu leben.[44]

Hilde Spiel

Als ich nach Paris kam, eines Nachts im Mai
1933, erschien mir die Stadt wie ein einziger

---

[43] ebenda. PTB Nr. 388.4.1.1935
[44] Jimmy Ernst, *Nicht gerade ein Stillleben Erinnerungen an meinen Vater Max Ernst.* Köln 1985. *S. 106.*

*dunkelroter Plüschsalon der ‚Belle époque‘. [...]
Auf der Place de la Concorde, dann am Pont
Neuf lehnend, weinte ich unaufhaltsam, ein-
undzwanzig Jahre alt, fassungslos überwältigt
von dem Glanz, der Größe, der Geschichte, der
Gegenwart dieser Stadt. Nie, nie habe ich diese erste Berührung mit ihr vergessen, nie hat
eine Ankunft, und sei es die in Rom, in London,
in New York, in Jerusalem sie erreicht.*[45]

Anna Gmeyner

*Paris war eine ziemlich traurige Geschichte.
Ich war zerrissen von Menschen, denen es
allen schlecht geht, die jeder wie ein Hund mit
seinem Knochen irgendein Stückchen Leben
schnappen und sich damit in eine Ecke retten.
Gretel mit ... (unleserlich, d.Verf.) –Sybille mit
einem romantischen Konfektionsjuden– andere
in die Anthroposophie geflohen. Auch die Kommunisten, die in den »deux magots« sitzen als
hätten sie die Welt zu verteilen [...] all die trau-
rigen Typen von Menschen, die schon in
Deutschland nichts waren und denen die Emigration eine Sage gibt von von verlorener Grös-
se. – Alles traurig.*[46]

Anna Seghers

*Ich zog nach Paris in fünf Tagesmärschen. Die
deutschen Kolonnen zogen neben mir her.Der
Gummi ihrer Reifen war vorzüglich, die jungen
Soldaten waren Elite, stark und hübsch, sie*

---

[45] Hilde Spiel, *Über England und Frankreich.* In: dies. *In meinem Garten schlendernd. Essays.* München 1981. S. 25-28
[46] Brief an Berthold Viertel.Im Nachlass Berthold Viertel: Literaturarchiv Marbach. Signatur 69.2379/8. In: Werner, Birte, *Illusionslos. Hoffnungsvoll.* Die Zeitstücke und Exilromane Anna Gmeyners. Göttingen 2006. S.254/Anm. 36

hatten kampflos ein Land besetzt, sie waren lustig. ... Die Glocken läuteten in einem Dorf für ein totes Kind. Es war auf der Straße verblutet. ... Auf einem Feldstein saß ein Bursche, so alt wie ich, er trug einen Mantel über den Resten von Uniform. Er weinte. Ich klopfte ihm im Vorübergehen auf die Schulter, ich sagte: »Das wird alles vorübergehen.« ... Ich ging weiter. Ich ging eines Sonntags früh nach Paris hinein. Die Hakenkreuzfahne wehte wirklich auf dem Hôtel de Ville. Sie spielten wirklich vor Notre Dame den Hohenfriedberger Marsch. Ich wunderte mich und wunderte mich. Ich lief quer durch Paris. Und überall deutsche Autoparks, überall Hakenkreuze, mir war ganz hohl, ich fühlte schon gar kein Gefühl mehr. Ich grämte mich, daß all der Unfug aus meinem Volk gekommen war, das Unglück über die anderen Völker.

Denn daß sie sprachen wie ich, daß sie pfiffen wie ich, daran war kein Zweifel.[47]

[...] die Camions der Flüchtlinge rollten noch immer unaufhörlich über den Boulevard Saint Germain, dazwischen sausten die kleinen Hakenkreuzautos der deutschen Offiziere.

... Paulchen Strobel war mit mir im Lager gewesen. ... Er kam aus der Rue de l'Ancienne Comédie. Ein Kumpan aus dem Lager. Mitten im Hakenkreuz-Paris![48]

Der Tag war schön, der Handkoffer war nicht schwer. Ich ging zu Fuß bis zur Concorde. Doch wie auch die Sonne schien, an diesem Morgen beschlich mich die Sorte von Elend, die der Franzose Cafard nennt. Sie lebten so gut in dem schönen Land, so glatt ging ihnen alles ein, alle Freuden des Daseins, doch manchmal

---

[47] Anna Seghers, *Transit,* a.a.O. S.16
[48] ebenda. S.20

verloren auch sie den Spaß, dann gab es nichts als Langeweile, eine gottlose Leere, den Cafard. Jetzt hatte ganz Paris den Cafard, ... Und als ich die riesige Hakenkreuzfahne sah auf dem Place de la Concorde, da kroch ich ins Dunkel der Metro.[49]

Lisa Fittko

Wie hatte Paris sich verändert, die Stadt des Lichtes! Überall Dunkelheit. Man wußte kaum, wo man war, ... kein Schimmer von dem sonst so stahlenden Licht. Die Dunkelheit war beängstigend, beklemmend ...[50]

2. Marseille

Hertha Pauli

»Man kann nicht vorsichtig genug sein«, flüsterte er uns zu. «Marseille ist schon von Gestapo durchsetzt. Hier in der Bar Mistral ist es relativ sicher. Doch heraus kann man nicht.«
So saßen wir also beisammen.
In der Mausefalle.[51]
Aus den ursprünglich zweihundert Namen auf Fry's Liste (d.i.Varian Fry vom ERC in Marseille,vgl.dazu Anm.161,d.Verf.) wurden zweitausend, aus dem einen Monat seines geplanten Aufenthaltes wurden dreizehn. Dann mußte Fry der Gewalt weichen. Er verließ seinen Posten erst, nachdem er festgenommen und dann, auf Einspruch der amerikanischen Be-

---

[49] ebenda.S.30
[50] Lisa Fittko, *Solidarität unerwünscht.* Meine Flucht durch Europa. Erinnerungen 1933-1940. München-Wien 1992. S.192
[51] Hertha Pauli,a.a.O.,S.176

*hörden, zwar nicht ausgeliefert, aber ausge-
wiesen wurde, »weil er Juden und Anti-Nazis
geholfen hatte«.*[52]

Lisa Fittko

*Mich packte zum erstenmal und deshalb mit
Wucht die Furcht, zurückzubleiben. Schon
waren viele davon, an die sich mein Herz
gehängt hatte. Mein Vorsprung vor ihnen war
mir einstmals gewaltig erschienen, und doch
war er trügerisch, sie hatten mich plötzlich
eingeholt. ... Wie, wenn ich wirklich zu wählen
hätte zwischen dem letzten Schiff und
unverrückbarem Hierbleiben? Da sah ich nicht
mehr um mich herum die Häuser von
Bleibenden vollgepfropft, mit ihrem Rauch
auszahllosen Schornsteinen, die Arbeiter in
den Fabriken und Mühlen, die Fischer,
Barbiere und Pizzabäcker; ich sah mich allein,
als sei ich auf einer Insel im Ozean, ja auf
einem Sternchen im Weltall. Ich war allein mit
der schwarzen vierarmigen Riesenkrabbe, dem
Hakenkreuz.*[53]

3. Lissabon

Susanne Bach

*In Perpignan atmete ich zum letzten Mal
französische Luft ein, als ich auf der Terasse
eines Cafés den Anschlußzug erwartete. Einige
Stunden später kam ich nach Spanien, wo ich
eine Woche verbrachte, bevor es nach Lissabon*

---

[52] ebenda.S.217
[53] Lisa Fittko, a.a.O.,S.300

weiterging. Am 28. April verließ ich also Europa,- zwar für lange Zeit, aber nicht für immer.[54]

Hertha Pauli

Genau um Mitternacht vom 3. Zum 4. September 1940 fuhr unser Schiff ab, ein Jahr nach der Kriegserklärung aus dem Lautsprecher von Clairac. ... Die Lichter der Weltausstellung von Lissabon tanzten hinter uns, dann versank Europa im Meer, blutig rot, ein Fiebertraum.[55]

---

[54] Susanne Bach,a.a.O.,S.85
[55] Hertha Pauli,a.a.O.,S.227

III.

Das gewöhnliche Leben in *gefährlicher und
gewöhnlicher* Situation des Exils: Paris 1933-1941
Schriftstellerinnen: Frauen,Ehefrauen,Mütter,
werktätig und schreibend

Mit der Massenauswanderung aus Deutschland und Europa zwischen 1933 und 1941 nahmen Flucht- und Lebenswege ihren Ausgang, die in zahlreichen Fällen nie mehr zurück in die verlassene Heimat, sondern vielmehr zu einer neuen persönlichen, gesellschaftlichen und kulturellen Existenz in einem anderen Land führten, bzw. eine derartige notwendig erforderten. Etliche solcher Lebensgeschichten aus der Fremde werden durch autobiografische Texte bezeugt. Wie unterschiedlich diese weiteren Lebensverläufe in der Erinnerung aussehen können und welche mannigfachen Schwierigkeiten und Möglichkeiten für die Betroffenen bestanden, soll das hier vorliegende Buch anhand der ausgewählten autobiografischen und literarischen Schriften zeigen. Die Erlebnisse des Fremdseins in ihren unterschiedlichen Aufnahmeländern und -Städten und die Begegnung insbesondere mit Paris haben die Lebensgeschichten dieser bereits zuvor oder eher gerade erst im Exil als Schriftstellerinnen arrivierten Frauen maßgeblich geprägt: Ihre Lebenserinnerungen berichten von den materiellen, sozialen, psychologischen und existenziellen Unwegbarkeiten des Exils. Sie zeugen aber auch von neuen literarischen Impulsen und kulturellen Referenzpunkten sowie von den Versuchen, sich die fremde Sprache, Kultur und Lebensweise anzueignen. Insofern sind die zugrundeliegenden autobiografischen Texte Beispiele auch literarischer Akkulturation[56],besonders der hier wieder aufgegriffenen, in der allgemeinen

---

[56] Vgl. Robert Krause, *Lebensgeschichten aus der Fremde.* München 2010. Darin: *Prolog.* S.9-49; darin befindet sich auch eine sehr umfangreiche Bibliografie zur ‚literarischen Akkulturation' wie auch sehr nützlich zur Forschung literarischen Exils überhaupt.

Literaturwissenschaft oft völlig unzureichend repräsentierten weiblichen Autorinnen.

Ein Teil dieser Frauen hatte selten Partner, die ihnen die Sorgen der Existenzsicherung abnahmen, so dass sie den Kopf zum Schreiben frei haben konnten, wie Susanne Bach, Hertha Pauli, Gina Kaus und Lou Ernst. Wiederrum andere, deren Partner erfolgreich auch im Exil ökonomisch absichernd beruflich tätig sein konnten, hatten neben der Schreibtätigkeit dann die ‚häuslichen‘ Aufgaben zu erledigen. Das traf gerade weitestgehend für Anna Seghers in Paris zu. Lisa Fittko gemeinsam mit Hans Fittko,dem Partner und überhaupt weitgehend unabhängig oder temporär nur‘ für sich selbst wie Erika Mann. Noch andere wie beispielsweise gerade Marta Feuchtwanger und Anna Gmeyner in einer meist begünstigten Situation durch den Partner, deren ‚häusliche‘ Arbeit seitens Personal mindestens unterstützt wurde.

Solche Betrachtung erzeugt ein Bild, das nicht nur geprägt ist vom berechtigten Glück gelungener Flucht vor der sicheren Verfolgung in Hitler-Deutschland,-Österreich, sondern auch besonders durch neue Ängste und vor allem, was hier thematisch zu erarbeiten ist, durch den Aufbau eines neuen gewöhnlichen, dennoch gefährdeten Lebens in einem tendenziell gleichzeitig willkommen heißenden und doch gefährlichen Umfeld. Diese Exilantinnen, von denen hier die Rede sein wird, erträumten sich Paris (eigentlich!), fühlten sich willkommen im Frankreich der 30iger Jahre, hatten aber oft unter fehlenden Arbeitsmöglichkeiten für ein selbstbestimmtes Leben zu leiden. Wurden nach dem sogenannten ‚Deutsch-Sowjetischen Nichtangriffspakt‘ und der Eröffnung des Krieges 1939 durch Hitler und den folgend westwärts orientiertem Eroberungskrieg deutscher Wehrmachtsverbände im Zuge des zynisch so selbst benannten *II.Westfeldzuges* in Konzentrationslagern interniert, zunehmend auch von französischen Bevölkerungsschichten als *sales boches* oder gar als *sales boches, métèques*[57] diskriminiert.

Wie sich unmissverständlich eine Verschärfung einstellte,nachdem Paris am 14.Juni besetzt worden war sowie nach dem sogenannten ‚Waffenstillstandsabkommen‘ vom 22.Juni 1940, das den berüchtigten §19 enthielt, nachdem Deutsche auf Verlangen ausgeliefert werden sollten.

Im bereits angeführten Begriff *Akkulturation* verwenden sich im sozialwissenschaftlichen Gehalt aktive wie passive Elemente, sodass einem Verständnis reiner Anpassung im Sinne von Assimilation allein widersprochen ist. In der modernen Pädagogik wie in den Sozialwissenschaften begreift sich der Prozess der An-/Einpassung eben als Fähigkeit zur Empathie, als bewusste Willensäußerung und als aktive Tätigkeit auf einem dies zulassenden und willkommen heißenden gesamtgesellschaftlichen Hintergrund. Nicht allein als Anpassung an Bestehendes, sondern eben gerade auch verstanden als Veränderung Bestehenden, um auf einer neuen, veränderten Ebene gesellschaftlicher Verhältnisse der *Akkulturation* einen humanistischen Sinn zu verleihen, sich diesen Prozess zu Eigen zu machen. In den 30iger Jahren konnte noch nicht in diesem Sinne gedacht/geschrieben und verstanden werden, sondern eher gemäß amerikanischer Soziologie von *Verhaltensmodifikation*, die dann auch noch geschlechtsspezifisch eher männlich einseitig ausgerichtet war.

So gewinnt die im folgenden Zitat von Lou Ernst geäußerte Auffassung ihren Stellenwert als allein aus dem Dasein des Exils geäußerte.

Heute gäbe es dazu einen verständlichen feministischen und frauenpolitischen Aufschrei. Dennoch haben natürlich diese Aussagen im *Pariser Tageblatt* (PTB), die in ihrem dort vorabgedruckten Fortsetzungsroman im PTB und denen in ihren Erinnerungen *Nomadengut* ihre berechtigte Bedeutung aus der Situation der Jahre 1933 und folgend.

---

[57] dreckige Deutsche, ... scheiß Ausländer

Die größere Anpassungsfähigkeit der Frau gibt ihr immerhin dem Manne gegenüber, der auf seinen oft sehr spezialisierten Beruf festgelegt ist, manche Vorteile. Angeborene weibliche Fähigkeiten können vielfach ausgenutzt werden. Nähen, flicken, waschen, bügeln, zunächst vielleicht nur für einen Kreis von Schicksalsgenossen, ist möglich, führt vielleicht später zur Einrichtung eines kleinen Betriebs; Sprachstunden, Übersetzungen, Schreibmaschinenarbeiten sind oft gesucht und werden, wenn auch nicht glänzend, so doch auskömmlich bezahlt. Und dann gibt es die vielen Angebote für Übernehmen von Hausarbeit und Kinderbetreuung ... Es kommt eben darauf an, sehr viele Ambitionen, die selbstverständlich schienen, auf eine Zeit zurückzustellen, ohne dabei den Mut zu verlieren.[58]

(...)

Du hast mir öfter geschrieben, wie schwer es ist, dort Arbeit zu finden, aber ich habe vor nichts Angst, und für eine Frau findet sich am Ende eher etwas. Ich kann ja eine ganze Menge, nicht wahr?[59]

(...)

»Und er spült Geschirr«, fiel Ulla ein, die ihren Zorn nicht mehr beherrschen konnte. »Das ist keine Arbeit für einen Mann.«[60]

(...)

Doch eine Frau ist beweglicher als ein Mann, der meist auf seinem einmal ausgeübten Beruf festgelegt bleibt und sich nur schwer umstellt. So gestaltete sich auch bei den Hilfsstellen die

---

[58] Louise Amelie (alias Louise Straus-Ernst, gen. Lou Ernst), *Auch die Frau muß sich umstellen: Neues Schicksal und neue Berufe.* In: *Pariser Tageblatt* No.7, 18.12.1933.S.3
[59] Lou Ernst, *Zauberkreis Paris.* PTB Nr. 396.12.1.1935
[60] ebenda, No. 402.18.1.1935

Arbeitsvermittlung für die Frauen sehr viel leichter, und zumal Ulla, die vor keiner Arbeit zurückschreckend erklärte und einen tapferen, zuverlässigen Eindruck erweckte, bekam überall Zusicherungen, dass man schon etwas für sie finden werde. [61]

(…)

Es gab erstaunlich viele Frauen; und sie schieden sich offenbar in zwei ganz verschiedene Sorten. Die einen waren, wie Ulla, alleinstehend, manchmal auch in Begleitung von Brüdern oder Freunden, doch auf sich selbst gestellt, mit entschlossenen Gesichtern, ohne besondere Koketterie, und vor allem darauf aus, eine Arbeit zu finden oder eine bereits gefundene Stellung zu verbessern. Manche von ihnen halfen beim Servieren und verdienten sich so ihr Essen. – Die andere Sorte: das waren die Ehefrauen. Ulla hatte besonders für die jüngeren unter ihnen ein aufrichtiges Mitleid. Das waren hübsche, gepflegte, gut gekleidete Geschöpfe, die bisher kaum einen anderen Lebenszweck gekannt hatten, als dem Haushalt vorzustehen, dem Dienstmädchen Anweisungen zu geben. Blumen hübsch in eine Vase zu ordnen, vielleicht noch ein kleines Kind zu versorgen – doch alles in gesicherten ruhigen Verhältnissen. Das Schlafzimmer, das Esszimmer, die Einkäufe in der Stadt, die Besuche bei den Freundinnen und die Gäste zum Abendessen – das war bisher ihre Welt gewesen. Nun sahen sie sich, ein wenig erschreckt, in eine ganz andere, fremde, ja feindliche Umgebung hineinversetzt, die Ansprüche an sie stellte, von denen nie die Rede gewesen war. Aber sie machten fast alle einen tapferen Eindruck, tauschten miteinander ihre Erfahrungen aus

---

[61] ebenda, No. 403.19.1.1935

*über die beste Methode, wie das Waschen und
Bügeln im Hotelzimmer einzurichten sei und
vergessen über allen kleinen Schwierigkeiten
nicht ihre wichtigste Aufgabe: dem Gatten, der
Beruf und Lebensziel verloren hatte, durch ihre
heitere Gegenwart Mut und Zuversicht wieder-
zugeben.*[62]

(...)

*Frauen wünschten Näharbeiten oder feine
Wäsche zu übernehmen: einige stellten sich als
Mannequin oder Modelle zur Verfügung. Lauter
Angebote, aber kaum Nachfragen. ... Peter war
immer wieder erstaunt, dass sie so leicht Arbeit gefunden hatte und selbst in diesen Tätigkeiten, die doch so weit ausserhalb ihrer eigentlichen Interessen lagen, stets einen gewissen Reiz entdeckte und interessante Beobachtungen zu machen wusste.*[63]

(...)

*Frauen waren ja wohl findiger und anpas-
sungsfähiger als Männer.*[64]

(...)

*Ulla liess alles über sich ergehen, abgestumpft
gegen diese äusseren Dinge, die sich ändern
würden, die unwesentlich waren gegenüber
dem Verlust eines Menschen, zu dem man ge-
hört, einer Heimat, die man geliebt hatte. –
Man hatte ein Dach über dem Kopf; das war
schon etwas. Und man war immerhin jung
genug, um zu hoffen, dass dies nur ein Ueber-
gang (sic) sei, dass eines Tages doch noch das
Bessere kommen müsse, das Eigentliche.*

(...)

*Manchmal ging er (Peter, d.Verf.) auch durch
die Cafés am Montparnasse. Aber er fühlte sich*

---

[62] ebenda, No.406.22.1.1935
[63] ebenda, No.407.23.1.1935
[64] ebenda, No.410.26.1.1935

*fremder hier als je. Diese internationalen Intellektuellen und Künstler gehörten nicht zu ihm,
er hatte nichts mit ihnen zu schaffen, begriff
nicht, dass er sich früher in solchen diskutierenden Kreisen wohlgefühlt hatte. Wenn er einen Bekannten sah, wandte er sich ab; er hätte nichts mit ihm zu reden gewusst.*[65]

(…)

*Es war nicht ganz wahr, dass ich von morgens
bis abends nur Freds* (gem. Lou Ernsts' Lebensgefährte F.Neugass während des Exils in
Paris,Journalist und Fotograf) *Strümpfe stopfte. Ich hatte schon mit der Zeit ein wenig bezahlte Arbeit gefunden: Schüler für Deutschstunden und ein paar Emigranten, die Französisch lernen wollten, nach und nach auch
Mitarbeit an Schweizer Blättern und an Pressekorrespondenzen, die von Paris aus in die
Länder deutscher Sprache – mit Ausnahme von
Deutschland selbst! – verkauften, zum Beispiel
nach Österreich, der Tschechoslowakei, Jugoslawien, Polen und dem Elsass. Dazu hatte ich
mich natürlich umstellen müssen. Denn Arbeiten über Kunst hätte dem anspruchslosen Publikum jener kleinen Blätter wenig gesagt.
Ich schrieb Feuilletons, Frauen- und Modeartikel und eine Art von kurzen, pointierten Erzählungen, die in guten Schweizer Zeitungen
viel Erfolg hatten. … Mich selbst interessierte
diese Arbeit nicht so sehr wie meine frühere so
viel lebendigere Tätigkeit, aber sie verschaffte
mir die Mittel zu einer bescheidenen Existenz.
Und das zog ich jedem Stipendium vor.*[66]

In ihrem Kölner Leben noch hatte es zu ihrer Selbständigkeit noch so geheißen:

---

[65] ebenda, No.415.31.1.1935
[66] Louise Straus-Ernst, *Nomadengut*,a.O. S.149 (vgl. dazu auch *Zauberkreis Paris*)

*Und so gab ich freiwillig und freudig jedes Ei-
genleben auf. Ich brach den Verkehr mit Freundinnen ab, die Martin nicht mochte. Ich rührte
meine Geige nicht mehr an. Ich las nur Bücher,
die er liebte. Aus dem heiteren Gegenspieler
war ich eine abgeschwächte Wiederholung seines eigenen Wesens geworden. Ich wollte ihm
alles verdanken, nichts ohne ihn sein, und,
anstatt ihm dadurch immer näher zu kommen,
entfremdete ich ihn.*[67]

Wie oben bereits angesprochen, erscheinen diese
Auffassungen von so begründeter weiblicher *Anpassungsfähigkeit*, gar regelrechter Selbstaufgabe wie geschlechtsspezifisch standardisierter Rollenzuschreibungen historisch antiquiert und eher als berechtigter Aufreger weiblicher Emanzipationsbestrebungen. Besonders natürlich
als solche Variante wie wir sie im Falle von LouErnst vor
dem Exil als völlig unterordnende Angepasstheit lesen
können.Dennoch bleibt für die Exilsituation, dass solche
Anpassungsfähigkeiten natürlich zeitbezogen notwendige
Fähigkeitsbereitstellungen und Haltungen von Frauen
zum Leben, ja zum Überleben im Exil bedeuteten, wobei
die Anstrengungen hin zur *Akkulturation*, die die eigentlichen als Fremde wären, aber tatsächlich erst nach dem
Überleben erst folgen konnten. Eine Existenzdiskussion
über *angeborene weibliche Fähigkeiten* erscheint obsolet
wie gleichermaßen nicht dienlich angesichts moderner
wissenschaftlicher Erkenntnisse, wäre auch der *Realphänomene des Exils* (Hans Mayer, d.Verf.) entsprechend
rein akademisch. Erlangt aber hier als Instrumentarium
artifizielle Bedeutsamkeit wegen derer genuin weiblich
praktikabler Verfügbarkeit. Auch plausibel scheinen die
Deutungsversuche nach Heike Klapdor.Nämlich, dass es
sich wohl eher nicht um *angeborene weibliche Fähigkeiten* handelt, sondern dass diese gefährdeten Verhältnissen *einen psychologischen und ökonomischen Effekt* regel-

---

[67] dies. a.a.O.S.84

recht nahezu instinktiv reanimieren, der bürgerlich zivilisiert und geordnet verschüttet schien.[68]

Mindestens und hauptsächlich scheint das für intellektuell tätige Frauen gegolten zu haben, um die es ja hier mehrheitlich geht.

Autobiographisch nachlesbar zeigt sich dann in Texten der schreibenden Autorinnen, dass eine temporäre Zurückstellung der eigenen Profession nicht gescheut wird, wenn die Realsituation nach dem Schritt in die ›Banalität des Überlebens‹[69] verlangt. In Lou Ernsts' Fortsetzungsroman *Zauberkreis Paris* bekommt dies dann auch an verschiedenen Stellen seinen Ausdruck. Befand sie sich selbst zwar nicht in der klassischen Doppelrolle, so aber dennoch in der, ihre Selbständigkeit verteidigen zu wollen gegenüber den landläufigen männlichen Vorstellungen weiblicher Sozialisation: *Es war nicht ganz wahr, dass ich von morgens bis abends nur Freds Strümpfe stopfte. Ich hatte schon mit der Zeit ein wenig bezahlte Arbeit gefunden ...* (Anm.66) und denen, die sie selbst genährt hatte. Ein Mann hätte darin keine Rechtfertigung nötig gehabt. So auch ihre Protagonistin Ulla, die sie darüber nachdenken lässt, was *hübsche, gepflegte, gut gekleidete Geschöpfe, die bisher kaum einen anderen Lebenszweck gekannt hatten, als dem Haushalt vorzustehen* (Anm.60), in dieser Situation eigentlich tun könnten.Wie sie gleichermaßen selbst *so leicht Arbeit gefunden hatte und selbst in diesen Tätigkeiten, die doch so weit ausserhalb ihrer eigentlichen Interessen lagen, stets einen gewissen Reiz entdeckte und interessante Beobachtungen zu machen wusste.*(Anm.61). Zudem auch dann diese Fähigkeit beim Mann, also ihrem Peter, zunächst auf völligen Anklang stieß, statt des stupiden *Herumhocken[s]* in Cafés.

---

[68] *Die Erfahrung einer spezifischen Überlebenskraft der Frauen scheint Suggestivkraft zu besitzen. Sie scheint eine konkrete Erfahrung zu sein, in der unausgesprochen und ungebrochen gesellschaftliche Übereinkünfte wirksam sind.* Heike Klapdor, *Überlebensstrategie statt Lebensentwurf. Frauen in der Emigration.* In: Krohn, Claus-Dieter u.a.(Hg.): Exilforschung Band 11. München 1993. S. 17ff
[69] Louise Straus-Ernst,a.a.O., S.24

Die im Exil somit wieder erweckte scheinbare Selbstverständlichkeit der Doppelrolle der Frau als Tätige in ihrem ‚Beruf‘ und im ‚Haus‘ als Frau/Ehefrau/Mutter stellt sich andererseits für die Nutznießenden als sehr kostbar und für sie selbst als starke Belastung heraus, weil sie sich nicht gerade als so leichtfertig machbar darstellte wie im Falle Lou Ernst's Protagonistin Ulla.

Das Phänomen der Doppel- oder Mehrfachrolle erscheint gerade auch in Anna Seghers‘ Pariser Exilleben evident, die es selbst für den Fall hoch rechnete, dass diese *Kraft* fehlen könnte: *Geht diese Kraft der Frau ab, dann ist es schwerer für die Familie.*[70]

Zunächst schildert uns eine enge Freundin von Anna Seghers, Jeanne Stern, wie sie deren Situation beobachten konnte. Interessant auch hier, dass die berufliche Tätigkeit des Mannes[71] sozusagen eo ipso als gewöhnlich und gewöhnlich bedeutsam und notwendig unkommentiert erachtet wird, während die der tätigen Frau, man stelle sich vor, ebenso unkommentiert als scheinbar naturgemäß gewöhnlich häuslich dargestellt ist.Allerdings dann doch mit dem Unterschied, dass sich die Frau, hier eben Anna Seghers, Zeit und Ort zur Ausübung ihrer Profession irgendwie in dieser gewöhnlichen Alltäglichkeit organisierend separieren musste. Mit aller allgemein geltend akzeptierterVorstellung von Selbstverständlichkeit derer, die davon partizipierten. Dazu erschwerend kam hinzu, dass die Radványis‘ am Rande von Paris im angenehmen Bellevue wohnten, von wo ‚ihre‘ Pariser Cafés - Café am Carrefour de l'Odéon und *Mephisto* - nur mit dem Vorortzug und zu Fuß erreichbar waren. Was natürlich zuweil umständlich und zusätzlich zeitaufwendig war.

Sie (Anna Seghers)*nahm sich in einem Vorortshäuschen eine möblierte Wohnung. Wenige nur kannten ihre Adresse ... Die Kinder gingen zur*

---

[70] Anna Seghers, *Frauen und Kinder in der Emigration*. a.a.O., S.129-131
[71]Ihr Ehemann, der Soziologe László Radványi, hatte eine Stelle an der Pariser Universität inne.

Schule. Der Mann setzte seine wissenschaft-
liche Forschung in Bibliotheken und Instituten
fort. Und wenn der Haushalt mit seinen klein-
lichen Sorgen sie belästigte, wenn die vier
Wände sie zu erdrücken drohten … ,
fuhr sie mit dem nächsten Vorortzug nach
Paris, setzte sich in ein Kaffeehaus, immer
dasselbe, an einen leeren Tisch, unbekümmert
um das Gewirr, um das Gewoge, und
schrieb.[72]

Anna Seghers selbst rekurriert dann erstaunlicherweise
nicht allein auf die ihr zugeschriebene und angenommene Doppelrolle als Frau im existierenden gesellschaftlichen System des Kapitalismus, - in Frankreich wie
natürlich in Deutschland auch - , sondern gleich mit Lou
Ernst eher auf *ihr ganzes Wesen, Teile ihres Wesens,* das
dann überhaupt erst folgende Fähigkeiten und Fertigkei-
ten realiter ermöglichte.

…sobald die Last untragbar, sobald das Leben
unlebbar, sobald der Entschluß zur Emigration
unweigerlich ist, tritt die Frau auf den Plan.
Dieser Entschluß erweckt ihr ganzes Wesen,
Teile ihres Wesens, die ein gewöhnliches, all-
tägliches Leben nie gezeigt hätte. (…)
Die Frau, die die Grenze passiert hat, die eines
Abends am Gare de l'Est ankommt, die ist hell-
wach, nicht nur aus Gespanntheit, aus Er-
schöpfung-hellwach in ihr ist die Kraft, die viel-
leicht ihr Leben lang, vielleicht Jahrhunderte
verschüttet war, weil niemand ihrer bedurfte.
Sie wird vor den ungewöhnlichsten Augenblick
gestellt, auf daß sie ihn zwinge, die Züge des
gewöhnlichen Lebens anzunehmen, damit man
ihn ertragen kann. Der Mann schimpft wohl

---

[72] Jeanne Stern: *Das Floß der Anna Seghers.* In: Kurt Batt (Hg.), *Über Anna Seghers. Ein Almanach zum 75. Geburtstag.* Berlin u. Weimar 1975. S. 77f

*über all das Gehabe, doch ist er plötzlich er-
leichtert. Der furchtbarste Augenblick des gemeinsamen Lebens wird dadurch gezähmt und
gebändigt. Geht diese Kraft der Frau ab, dann
ist es schwerer für die Familie. Ob sie die Familie eines bolschewistischen Metallarbeiters
ist oder eines jüdischen Schneiders.*[73]

Um den Mann und die Kinder sei es dann schlecht be-
stellt. So wahrlich eine zugeschriebene weibliche Bürde.
Ungeachtet erscheinen hier die eigenen *Realphänomene
des Exils*, denn es handelte sich um einen intellektuellen,
akademischen ‚Haushalt', mitnichten um einen produktiv
handwerklichen oder gar proletarischen, wiewohl natürlich der jüdische,- das Leben gefährdende -, Hintergrund
zutreffend ein ertragendes Leben insgesamt nur exiliert in
der angenommenen *Gewöhnlichkeit* ermöglichte.

Zur Vorabklärung scheint der Hinweis hier schon nötig,
dass man diese Lebensumstände schon differenziert von
solchen proletarischen betrachten muss, worin sich die
abhängige Frauenrolle als doppelte für diese Zeitumstän-
de standardisiert manifestierte.[74]

Ähnlich, - ein weiteres beispielhaftes Zeugnis davon - ,
schreibt die Kinder- und Jugendbuchautorin Ruth Rewald, die sich gleichfalls in ähnlicher Situation, aber zunächst nur mit ihrem Ehemann im Pariser Exil befand:

*Es ist für mich sehr schwer zu schreiben, da
ich den ganzen Tag in einer Buchhandlung
arbeite, abends kochen und das Haus be-
sorgen muß und erst dann Zeit für mich habe.
Sie können sich denken, wie angenehm ihre*

---

[73]Anna Seghers,»Frauen und Kinder in der Emigration«, Anna Seghers-Wieland Herzfelde, Gewöhnliches und gefährliches Leben, a.a.O. S.129-131.
[74]Im Kapitalismus unterliegt die Frau diesen Mechanismen, weil auch staatlich
verordnete ‚Emanzipation' die Arbeitskraft meint, nicht aber gleichermaßen eine
insgesamt emanzipierte Frauenrolle. Im Faschismus diente dieses Frauenbild gleichviel
der Freisetzung von Arbeitspotenzial wie dem Zusammnenhalt von Familie und Nation.
Vgl.dazu: Stefan Engel, Monika Gärtner-Engel, Neue *Perspektiven für die Befreiung der
Frau.* Essen 2000

Pakete für mich waren. Tagelang brauchte ich mich um die Ernährung nicht mehr zu küm-mern[75]

Bei Lisa Fittko heißt es dann:

Wenn man auch von dem Geld für solche Spa-ziergänge (gem.Betreuung kleiner Kinder)nicht leben konnte, so gehörten sie doch zu den be-gehrten Stellungen unter den Emigrantenfrau-en, denn man wurde nicht nach der Arbeits-erlaubnis gefragt! (…) Manchmal bekam ich Arbeit als Haushaltshilfe, das taten die meisten Frauen in der Emigration. (…) Deshalb wollten wir es schließlich … doch wieder mit der häufigsten Emigrantenarbeit versuchen: Adressenschreiben für Versandgeschäfte. Die Bezahlung war miserabel, aber man konnte ziemlich regelmäßig mit Arbeit rechnen. (…) Für Schriftseller, Journalisten und Filmleute, die in der Weimarer Republik ganz gut bekannt waren, Manuskripte tippen.[76]

Lisa Fittko verdeutlicht an dieser Stelle auch, dass es für in der Weimarer Republik bekannt gewordene Schrift-steller, Journalisten und Filmleute viele unterschiedliche Möglichkeiten gab, Manuskripte zu tippen und zu über-setzten. Diese wurden recht gut bezahlt, sodass eine re-gelmäßige Tätigkeit nicht notwendig zwingend war. Insgesamt sehr unterschiedlich zu den bisherigen weib-lichen exilbiografischen Daten lesen sich die von Marta Feuchtwanger. Auch wenn sie selbst nicht als vergleich-bar tätige Exil-Schriftstellerin eingeordnet werden kann, so bietet doch ihre Lebensgeschichte *Nur eine Frau* deut-liche Hinweise auf das Leben einer Frau für und an der

---

[75] Brief von Ruth Rewald an Isaak Babel vom 1.Juni 1936 (Nachlass Ma.1/Bl 18)
[76] Lisa Fittko, *Solidarität unerwünscht,*a.a.O.,S.166-168

Seite eines sehr bekannten Schriftstellers, gerade auch in der französischen Exilzeit. Die schriftstellerische und literaturpolitische Arbeit Lion Feuchtwangers steht absolut im Mittelpunkt. Sie selbst versteht sich als seine Frau, als Frau überhaupt, als Garant seiner Arbeitsmöglichkeiten. Dies bezieht sich auf den gewöhnlichenTagesablauf, das Ordnen des Hauses mit kräftiger Unterstützung eines ‚Dienstmädchens‘, die versorgende Unterhaltung der vielen Gäste, die Pflege des Gartens bis zur eigenen Rezeptur der Lion gemäßen Mahlzeiten bis hin zum ‚Reisegepäck‘ ins Internierungslager *Les Milles*[77].

Wie dann auch die scheinbar völlig selbstlose Befreiung aus Lion Feuchtwangers zweiter Internierung im Lager *San Nicolá* unter Zuhilfenahme eingeforderten internationalen Protektorats.[78]

Dies in einem großbürgerlich erscheinenden Ambiente in den Villen *Lazare* und *Valmer* im mediterranen *Sanary sur mer*. Irgendwelche abhängig minderwertige Arbeiten zum Unterhalt schienen nicht nötig. Geldknappheit, die ihrerseits immer wieder bezeugt geäußert wird, bestehen auf gewohnt großbürgerlichem Niveau.

Villa Lazare stand hoch oben auf einer vorspringenden Klippe über dem Meer (...) Wo gab es ein Meer, Felsen und einen Privatstrand in Berlin-Grunewald? Wir vermißten nichts, auch nicht die Bequemlichkeit unseres Hauses, den gepflegten Garten, nicht einmal unseren Buick. (...) Die Villa Valmer, ein Haus mit drei Stockwerken und einer wunderbaren Aussicht über das Meer und die Inseln. (...) Als wir in die Villa Valmer einzogen, bekamen wir

---

[77] vgl. dazu: Lion Feuchtwanger, *Teufel in Frankreich.*S.227ff

[78] *Ich brachte Lion nach Toulon und begann sogleich eine dringliche Korrespondenz mit den Behörden, mit der französischen, mit der englischen Regierung und mit dem PEN-Club. Ich betonte, daß Lion der meistgelesene zeitgenössische deutsche Autor der damaligen Zeit wäre, besonders im Ausland, und statt interniert zu sein, könnte er doch besser dazu verwendet werden, Propaganda gegen den Feind zu machen.* Marta Feuchtwanger, *Nur eine Frau.* München Wien 1983. S.267

*das Dienstmädchen gleich dazu. (...)Sie wusch
die Wäsche und ging für mich einkaufen. (...)
Wenn ich allein war und die Pflanzen hinter
dem Haus begoß (...) Grundsätzlich kochte ich
für Lion wegen seines empfindlichen Magens
selbst. Leontine aber beherrschte köstliche pro-
venzalische Gerichte, (...) Vorerst aber tat sie
nichts lieber, als mit mir für die vielen Gäste,
die fast täglich durch unseren Garten zogen,
den Nachmittagstee zu bereiten und die
unzähligen winzigen Brötchen zu belegen. (...)
Sie alle fuhr ich mit meinem neu erstandenen
alten englischen Talbot herum und zeigte ihnen
im Hinterland die auf steilen Hügeln erbauten
verwunschenen Orte, ...* [79]

Ein ergänzender Aspekt führt sich in die geschlechts-
spezifische Betrachtung erweiternd ein, nämlich der, als
Frau über keine öffentlich wirksame und veröffentlichte
Reputation zu verfügen. Von Christa Winsloe geäußert,
erlangt der umso mehr Bedeutung statt nur einer möglichen selbstbezogenen Subjektivität, die intellektuell Tätigen durchaus eigen sein kann, durch ihre Arbeit und ihre
Arbeiten. Wie sie gerade mit dem Bühnenstück *Gestern
und Heute* und dessen Verfilmung als *Mädchen in Uniform*[80] temporär große internationale Bekanntheit erlang-
te. Sie dennoch folgend in der literarischen Öffentlichkeit
in Vergessenheit geriet.
Claudia Schoppmann verschaffte ihr nach eigener Aussage wiedererlangendes Gehör durch die Erstveröffentli-
chung einiger zugänglicher Briefe.[81] Zwar ist die Autorin
für den personalen Rahmen und die Themenstellung hier
nicht vorgesehen, erscheint aber in anderen Kontexten
natürlich durchaus bedeutsam. Gerade auch aus der

---

[79] Marta Feuchtwanger, a.a.O., S.252ff
[80] Vgl. PTB No.409 v. 25.1.1935, S.4
[81] vgl. Schoppmann, Claudia (Hg.): *Im Fluchtgepäck die Sprache.* Deutschsprachige
Schriftstellerinnen im Exil. Berlin 1991.S.117ff

Begründung, eine eigentlich unpolitische Schriftstellerin zu sein, aber eine vorausschauend aufschreiende gegen *Krieg, Dummheit und Wahnsinn*:

> *»Ich möchte so gerne etwas schreiben das alle Menschen mit Schreck erwachen, eine furchtbare Warnung vor dem Kommenden. Vor Krieg, Dummheit und Wahnsinn. Aber weit aufreissen und schreien das das große Elend und die Unkultur siegt, aber man muss auch eine Stimme haben, warum (...) bin ich kein MANN? Ich leide an meinem Leid und der Impotenz, kein Lautsprecher zu sein. Gieb mir einen Mann der brüllt für mich. Hinein in die faulen Menschen, die Vogelstraußpolitik betreiben. Ich seh das ja hier an den vielen »Kleiner Mann was nun« - Leuten. Sie wollen schlafen. (...) Mein Strampeln ist eine lächerliche Geste so wie der Krabb gegen den Ocean ... verdammt überflüssig und vergeblich.«* [82]

Christa Winsloe scheint hier eine fatale Haltung eigen, die geprägt ist durch ihre andauernde Exilsituation, und wiederholte in Frankreich, wo sie nach der Verfilmung ihres Bühnenstücks keine ähnliche Beachtung mehr erlangen konnte. Zugeschrieben der allgemein weiblichen *Impotenz, kein Lautsprecher zu sein* und in der Öffentlichkeit keinen zu haben. Eine Seite, die andere betrifft ihre *Wut* auf die faschistische- und Kriegssituation, ihr Verlangen nach Aufschrei und darin die, ihre Erkenntnis, dass *»Kleiner Mann was nun« - Leute*(n) die schrecklichen Wahrheiten nicht hören wollen, nicht *mit Schreck erwachen* wollen Das zusammengenommen führte bei ihr zu Ohnmacht und Verlassenheit. Sicherlich ist diese Einstellung der Situation unmittelbar nach der faschisti-

---

[82] Undatierter Brief Christa Winsloes an Dorothy Thompson, wahrscheinlich von 1933. Vgl. dazu: Anne Stürzer, *Schreiben tue ich jetzt nichts ... keine Zeit.* In: Frauen im Exil. Exilforschung. Band 11. München 1993. S. 127ff

schen Machtergreifung geschuldet, wonach die sogenannte Appeasement-Politik der äußeren Mächte und die scheinbare Ohnmacht-Biedermann-Einstellung des eigenen Volkes gefährlich resignierend auf sie wirkte. Später, ab Sommer 1940, als sie nach *Cagnes sur mer* in die *Alpes Maritimes* geflüchtet war, verstärkte sich dieses wutbesessene, aber letztlich kraftlose Lebensgefühl.[83]

Zusammenfassung

Hätte allgemein die Ohnmacht Christa Winsloes' um sich gegriffen,- für sie persönlich natürlich ein lebendiges Drama-,wären gerade eher nicht unbedingt bekannte Schriftsteller_Innen ohne *Lautsprecher* tatsächlich zum inneren Sterben im Exil verdammt gewesen. Gerade die immens mutigen Kräfte und Energien zur Tätigkeit während der Flucht, im Exildasein und der Arbeit in ihren Professionen oder/und politisch widerständig zeichnet die hier Betrachteten aus. Ihnen ging es weitest gehend nicht nur um sich selbst und/oder ihre Kinder/Familien, sondern um die nachhaltige Veränderung aller Verfolgten des Naziregimes und dessen Beendigung. Einfach ist das geschrieben, aber nahezu unschreibbar in der wirklichen objektiv-subjektiv bedeutsamen Erfahrung des Alltags[84]. Auch dann, wenn es wie im Falle Marta Feuchtwangers großbürgerlich wohl aufgehoben an jedem Ort des Exils erscheint. Es bleiben lebensbedrohende Ängste vor den Verfolgern und deren vielschichtigen Kollaborateuren, wie permanente Ungewissheiten über den drohenden Zusammenbruch ökonomischer Existenzen. Wie wir es hier in Auszügen erkennen können.
Eine Sichtweise wie sie beispielsweise Erika Mann über

---

[83] vgl. Briefwechsel in: *Fluchtgepäck*, a.a.O.,S.117ff
[84] Zum wortgeschichtlichen Sinn: *Alltag … das alle Tage Notwendige – Essen, Wohnung, Kleidung u.a.* In: Ästhetische Grundbegriffe. Historisches Wörterbuch in sieben Bänden. Bd. 1, S.110

Schriftstellerinnen 1939 äußerte, freilich noch vor den individuellen, auch tödlichen Schicksalen nach dem unheilvollen 1. Septemebr 1939, bleibt dem Autor diese und im Zusammenhang auch die von Lou Ernst weiterhin anschaulich fremd. Spiegelt sich doch darin eine angenommene unredliche Verallgemeinerung des Wesens von weiblichen Autorinnen wie deren Leserinnen, das sich durch spezifisch weibliche Fähigkeiten gegenüber den männlichen auszeichnen soll. Meines Erachtens greift das im Bild von solchen schriftstellernden Frauen gleichfalls in eine schon damals überkommene konservative ‚Mottenkiste' vom angeboren Weiblichen. Auch gerade deshalb, weil anthropologische und sozialwissenschaftliche Forschungen der 30iger Jahre in den USA bereits schon zu dieser Zeit gerade der gesellschaftshistorischen Ontogenese der Gattung Mensch, feminin wie maskulin, das Wort redeten und wissenschaftlich auf dieser Grundlage argumentierten.[85] Demnach also solche Daseinsäußerungen keine Naturzustände im menschlichen Leben waren und sind. Sie müssen hart erarbeitet und erstritten werden, wenn sie auch qua fehlender Notwendigkeit verschüttet schienen. Wird von den schriftstellernden Frauen das Ziel der Verbindung von Profession und ‚Haus' notwendig, bleibt stets das zu lösende Problem, welchen Weg sie verfolgen, beziehungsweise welche Mittel gewählt werden.

Dennoch, das gemeinte zugrunde liegende, gesamte von Erika und Klaus Mann verfasste Buch *ESCAPE TO LIFE*, vermittelt außerordentlich informativ kaleidoskopisch einen Überblick deutschsprachigen Literatur- und Kulturschaffens im Exil dieser Zeitepoche:

Übrigens ist es bemerkenswert, wie sehr gewisse weibliche Autoren, die in Deutschland von vielen Tausenden gelesen und geliebt wurden, nun auch in der Gunst des internationalen Publikums bleiben. Das gilt nicht nur von

---

[85] vgl. Robert Krause, a.a.O.

Frau Irmgard Keun, deren Bücher auch »draußen« schöne Erfolge zu verzeichnen haben; es gilt ebenso für mehrere Kolleginnen, die wie sie im Exil sind: Adrienne Thomas, Gina Kaus, Christa Winsloe. Es ist der Mühe wert, darüber nachzudenken, warum gerade diese weiblichen Talente den Ton und die Themen finden, von denen auch Leser in Istanbul oder in London, in Boston oder Rio de Janeiro berührt und gefesselt werden; während Männer, die ihnen an schriftstellerischen und intellektuellen Gaben weit überlegen sein mögen, oft abseits stehen, ihre Werke nur noch für ein paar hundert Kenner schreiben oder sie gar nicht mehr veröffentlichen können. Die Erklärung ist sicherlich teilweise in der größeren weiblichen Anpassungsfähigkeit an den internationalen Geschmack zu finden, einer Fähigkeit, welche die Frauen mit einem gewissen jüdischen Schriftstellertypus teilen. Es gibt aber auch tiefere Gründe für das Phänomen der mondialen Beliebtheit weiblicher Autoren. Wir dürfen annehmen, daß die Bücher von Frauen überall vor allem von Frauen gelesen werden. ... Alle Frauen haben die entscheidenden Interessenssphären – ob es sich um Mutterschaft oder Küche, um Kleidung oder um Flirt, um große Schmerzen oder kleine Freuden handelt – durchaus gemeinsam. Von den Männern läßt sich das gleiche wohl kaum behaupten ... Die Frauen sind natürlichere Wesen als die Männer. Die Natur verständigt sich überall mit sich selbst. Sie sind auch realistischere Wesen als die Männer. Das gemeinsame Interesse für Dinge hebt die geistigen Unterschiede und Spannungen auf. ... Eine Frau spricht - ganz einfach und ohne auf »die Welt als Wille und Vorstellung«, den »kategorischen Imperativ« oder die »Menschenrechte« irgend Bezug zu *nehmen - davon, daß ihr Kind die ersten Zähne bekommen hat, daß »die Herren Blonde bevorzugen«, daß Katzen hübsch sind, daß die Liebe sehr wehtun kann - und alle Frauen der Welt bekommen gleich feuchte Augen. Das merkwürdige Paradox ergibt sich, daß der Geist, der einerseits das Verbindende, versöhnende, alles umfassende Element zwischen den Völkern ist, auch das trennende, tragisch entfremdete,das Unruhe stiftende Element sein kann*[86]

Phänotypisch betrachtet, mögen diese Äußerungen in dieser oder ähnlicher Form entsprechend gewesen sein, auch weltweit umfassend. Jedoch stellen sie keine Ordnungskategorie dar, um schriftstellernde Frauen im Exil und deren Leserinnen auf so typisch Weibliches und damit Anpassungsfähiges festzulegen. Vielmehr wird es, wie bereits angeführt, in Anna Seghers' Sinn zu deuten sein. Wie auch im Sinne des exilierten Ludwig Marcuse, der bereits 1935 auf dem Pariser Schriftstellerkongreß den *Kollaps* des alten Humanismus konstatierte und für seine *militante Neubegründung* argumentierte. Darin auch ein von solchen Zwängen neues, befreites Frauenbild impliziert sehen konnte. Doch, so Marcuse, scheint dieser Prozess bei aller Tradierung von weiblichen Zuschreibungen auf jeweiliger gesellschaftlicher Basis eine neue Distanz als Voraussetzung nötig zu machen, die ideologisch, zeitlich wie auch räumlich Raum bekommen müsste.[87]

---

[86] Erika & Klaus Mann: *ESCAPE TO LIFE* Deutsche Kultur im Exil. Reinbek bei Hamburg 1996. S. 66f

[87] L. Marcuse in einem Beitrag von 1937 in der Exilzeitschrift ‚Das Wort': *Die wesentlichen Ziele des Hitler-Reichs waren 1933 schon ebenso sichtbar wie 1936; und doch ist es kein Zufall, daß sich erst im fünften Jahr die Romane häufen, welche die entstellte Heimat abzubilden suchen. Das neue Reich mußte sich erst entwickeln, die Dichter, die hinausgefahren waren, mußten zur räumlichen Distanz noch die zeitliche gewinnen, ehe sie ein Bild malen konnten, das nicht nur die Bilder der Tageszeitung wiederholt.* Ludwig Marcuse, *Fünf Blicke auf Deutschland.* Zitiert nach: Arnold, Heinz-Ludwig, *Deutsche Literatur im Exil 1933-1945.* Frankfurt a.M.1974. S.156f. Vgl. auch: ders,. *Zur Debatte über die Emigranten-Literatur,* a.a.O., S.66 ff.

Die war zur Entstehungszeit einiger Romane und autobiografischer Texturen so noch nicht gegeben, bzw. durch militanten, lebensgefährlichen Anti-Humanismus teilweise verhindert. Dieser wiederum, dialektisch-komparatistisch betrachtet, existierte natürlich nicht, wie auch nicht der Faschismus[88], allein als eben gesellschaftshistorische epochale Erscheinungsform. Sondern natürlich als interessengeleitetes Produkt ökonomisch- wie finanzpolitisch beherrschender kapitalistischer Gesellschaftsstrukturen, die sich als erstes in Deutschland, Italien und Japan zum imperialistisch-faschistischen diktatorischen Machtstreben auswuchsen und schließlich die Menschen (Frauen wie Männer) als lohnabhängige Arbeiter und Handwerker, als staatsbeamtete Pensionsberechtigte, gehaltabhängige Angestellte,Klein-Mittel-Betriebler, Landarbeiter und Akademiker wie Kunstschaffende u.ä. unter das faschistische System wie letztlich in den imperialistischen Krieg zwangen.

Die Konsequenz solcher historischen Betrachtung, - die in der Fülle von Exilforschungen meist ursächlich unreflektiert bleibt, sondern eher als verbrecherisches,amoralisches,unmenschliches, satanisches, mordendes, rassistisches etc. NS-Regime an sich und der notwendigen Flucht daraus betrachtet wird - , ist, dass schriftstellernde Frauen nicht an und für sich rein fraulich angeboren-angepasst solche Verhalten zeigten, die sie wie deren Leser_Innen mondial miteinander verbanden, sondern

---

[88]bzgl. des sprachlichen Gebrauchs ‚Faschismus' vs. ‚Nationalsozialismus' oder 'NS-Regime' sei darauf verwiesen, dass der Begriff Faschismus nicht allein seitens von exilierten Kommunisten, Anarchisten oder Sozialdemokraten als korrekte Bestimmung gebraucht wurde, sondern gerade auch von Bürgerlich-Demokratischen unter den Schriftsellern auf dem Pariser Kongress 1935. Während der des ‚Nationalsozialismus' durch deren faschistische oder faschistoide Vertreter und Befürworter geprägt und gebraucht war, um sozusagen eine neuwertige Gesellschaftsordnung der bürgerlich ‚Weimarer' als historische Etappe, fern von allem historischen Verbrechen an der Menschheit, ersetzend gegenüber zu stellen. Diese wiederum keine kapitalistische sei, sondern eine 'national-sozialistische' assoziieren sollte. Vgl. dazu: Klein,Wolfgang (Hg.):Paris 1935. *Erster Internationaler Schriftstellerkongreß zur Verteidigung der Kultur.* Berlin 1982

dass diese tatsächlich genuin jeweiliger gesellschaftshistorischer, nämlich kapitalistischer Verhältnisse immanent sind.

Mag man den Kapitalismus der demokratischen Staatsfindung nach dem I. Weltkrieg gegenüber dem kaiserlichen Regime als *Weimarer Republik* in Ökonomie und Politik dagegen vergleichsweise als demokratisch erachtet haben. So bleibt dennoch: die grundlegende systemische Form gesellschaftlicher Ordnung war derjenigen im sogenannten ‚Deutschen Reich' gleich. Die des jeweiligen Exillandes in diesen Zeiten eben auch.[89]

---

[89] Mexico als Exilland aus dem europäischen Exil als demokratisch orientierte Republik unter dem linken Präsidenten Lázlo Cárdenas bildete zu der Zeit eine perspektivisch hoffnungsvolle Ausnahme. Währenddessen die französische Republik mit der ‚front populaire' (Volksfrontregierung) unter Léon Blum in Frankreich ökonomisch-finanzpolitisch und unter innen- und außenfaschistischem Druck bereits 1938 nicht haltbar war und die Spanische Republik 1939 durch die vereinten europäischen faschistischen Militärgewalten zugunsten einer faschistischen Regierung unter General Franco zerschlagen wurde.

IV.

Wartesäle der Poesie

Orte in Texten widerspiegeln die vorfindbare Exilsituation der Schriftstellerinnen

Hilfs der mittlerweile sehr umfangreichen Publikationen aus der Forschung über exilierte Schriftstellerinnen ist schon gleichviel über die Bedeutung des Cafés als Hauptschauplatz des großstädtischen Alltagslebens geschrieben und gedeutet worden. Um nicht plakativ bereits vorliegende Erkenntnisse eklektisch darzustellen, will ich an dieser Stelle eine m.E. sehr gut verdeutlichende, kurz und pointiert gefasste Überschau Hélène Roussels' zitieren, um, wie sie selbst richtig von deren Multifunktionalität schreibt, daran mein Anliegen verknüpfend anzuschließen:

...Orte der Rast und Erholung auf Stadtwegen; Orte des Weilens und Wartens; Orte der Menschenbeobachtung oder des Rückzugs in Privatbeschäftigungen;Treffpunkte unter Bekannten; Orte der Begegnung mit Unbekannten; privilegierte Orte der urbanen Kommunikation als Umschlagplätze für Informationen, Reflexionen, Gerüchte; Orte an der Schwelle zwischen Privatsphäre und Öffentlichkeit, Orte der möglichen Vernetzung mit anderen Menschen und Gruppen. Ferner gehören Cafés zur modernen Stadtmythologie. Aufgrund all dieser Eigenschaften wurden Pariser Cafés unter Emigranten häufig als Treffpunkte gewählt.[90]

Zur historischen Lokalisierung schreibt Roussell

---

[90] Hélène Roussel, *Wege durch Paris, Schauplätze, Stadtdurchquerungen*. In: Anne Saint Sauveur- Henn (Hg.), *Fluchtziel Paris*, a.a.O., S. 284

folgerichtig weiter:

> *Sie* (öffentliche u. private Alltagsleben,d.Verf.)
> *sind ebenfalls in der Topografie von Paris als*
> *internationaler Kulturmetropole angesiedelt, je-*
> *doch in der zeitgenössischen, modernen, und*
> *zwar zwischen zwei Hauptstandorten der Bo-*
> *hème: dem neuen Zentrum der intellektuellen*
> *und künstlerischen Bohème (Saint Germain-*
> *des-Prés) und dem älteren Zentrum (Montpar-*
> *nasse), das zu Beginn des 20.Jahrhunderts*
> *den ursprünglichen Mittelpunkt - Montmartre -*
> *allmählich abgelöst hatte.*[91]

Um nicht schon Erkanntes zu wiederholen, beziehe ich mich auch auf sehr nutzvolle Begrifflichkeiten, die von Lutz Winckler in diesem Kontext bereits aus der französischen Exilforschung aufgenommen wurden, dass nämlich Paris *parcours, discours, Heimat* und *Liebe* sei.[92]
Es erscheint notwendig und sinnvoll, diese zunächst kontextual inhaltlich zu fassen.
Parcours und *discours* soll meinen, dass die vornehmlich literarisch und künstlerisch Exilierten, - ohne spezifische Geschlechtszuordnung -, sich permanent in einer irgendwie gearteten Präsentations- und Konfrontationsnotwendigkeit in/mit vital gefährdeten Arbeits- und Lebensbedingungen befanden (*parcours*). Dessen ebenso notwendige Konsequenz machte eine gleichermaßen permanente Auseinandersetzung über/mit den Gegenständen ihrer Profession wie über die Umstände selbst notwendig (*discours*). Immer natürlich auf der lokal bestimmten Ebene als Plattform. Einhergehend entwickelte sich trotz diesem und gerade in diesem situativen Kontext *Heimat* und *Liebe* zum Ort des Seins und zu den dort lebenden Menschen. Aber auch Hass und Ablehnung als Teile des

---

[91] dies., a.a.O.,S.272
[92] vgl. dazu Lutz Winckler, *Zum Paris-Mythos im Pariser Tageblatt/Pariser Tageszeitung.* In: Anne Saint Sauveur-Henn, a.a.O.,S.261ff

parcours wie des discours,wenn französische Behörden oder sogar französische Bürger als nationalistisch geprägte *Citoyen* die deutschsprachigen Exilanten als *les sales boches* oder gar als *sales boches métèques* beschimpften.[93] Berücksichtigend, dass sicherlich nicht unbedingt und selbstverständlich eine solche diskriminierende Einstellung bei Einheimischen vorlag. Sondern französisch-propagandistisch der deutsch-faschistische Imperialismus in seiner Bedrohung und die Auswirkungen der Weltwirtschaftskrise der 30iger Jahre genutzt wurde, um solche Emotionen zu schüren, die sich dann in Teilen der Bevölkerung angesichts der vorfindbaren Tatsachen etablieren ließen.

Wir finden für die Ortung Café auch weitere Belege,wenn beispielsweise Hermann Kesten schreibt,

> *... zum einzig kontinuierlichen Ort. Im Exil wird das Café zu Haus und Heimat, Kirche und Parlament, Wüste und Wallstatt, zur Wiege der Illusion und zum Friedhof. Das Exil macht einsam und tötet. Freilich belebt es auch und erneuert. Im Exil wird das Cafe zum einzigen kontinuierlichen Ort.*[94]

oder in einer Untersuchung der *literarischen Cafés von Paris*, worin mit der Sprache des Theaters situativ sehr treffend von *Bühne und Laufsteg*[95] geschrieben ist, wie gleichermaßen vom *Rückzugs-* und *Fluchtraum.*[96]

So auch die Äußerungen Anna Seghers mittels ihres Erzählers in *Transit*, - nachdem die Identität des durch Freitod gestorbenen Schriftstellers Weidel mit Annahme seines Koffers, inklusive letztem unvollendeten Manuskript, aufgeklärt war - , die, obwohl fiktiv als Roman

---

[93] vgl. Anm. 57

[94] Hermann Kesten, *Dichter im Café*. Wien/München/Basel 1959. S.12

[95] Noël Rilev Fitch, *Die Literarischen Cafés von Paris* .zitiert nach: Anne-Marie Corbin, *die Bedeutung der Pariser Cafés,* a.a.O.,S.96

[96] dies., ebenda

verfasst, wohl äußerst real durchaus einer literarischen
Exilsituation im Ort Café entsprechen sollten/konnten:

*Ihr wißt doch, Weidel steckt im Café immer
den Kopf hinter eine Zeitung, damit ihn ja
keiner anredet, und in die Zeitung hat er mit
einer Stecknadel Löchlein gestochen, damit er
versteckt dem Treiben der Menschen zusehen
kann. Er gibt ja was auf das Treiben der Menschen, auf das Stoffliche, Verwicklungen alten
Stils, die große Fabel.*[97]

Für Anna Seghers selbst bedeutete das Café im Pariser
Exil produktiver *Rückzugsraum*, Stätte der inneren Ruhe
in einem lebendigen Raum außerhalb der Alltagsarbeiten
im Haus der Familie.Ihre langjährige Freundin und selbst
Schriftstellerin Jeanne Stern gibt davon Zeugnis:

*Sie (Anna Seghers)nahm sich in einem Vororts-
häuschen eine möblierte Wohnung. Wenige nur
kannten ihre Adresse. (…) Die Kinder gingen
zur Schule. Der Mann setzte seine wissen-
schaftliche Forschung in Bibliotheken und In-
stitutenfort. Und wenn der Haushalt mit seinen
kleinlichen Sorgen sie belästigte, wenn die vier
Wände sie zu erdrücken drohten (…), fuhr sie
mit dem nächsten Vorortzug nach Paris, setzte
sich in ein Kaffeehaus, immer dasselbe, an einen leeren Tisch, unbekümmert um das Gewirr, um das Gewoge, und schrieb.*[98]

Bestätigt wird das gleichermaßen erfahrungsrelevant von
Manés Sperber:

*Ich traf sie (Anna Seghers) manchmal in einem
Café, von dem sie nur wenige Schritte zum*

---

[97] Anna Seghers, *Transit,*a.a.O.,S.171
[98] Jeanne Stern: *Das Floß der Anna Seghers.* In: Kurt Batt (Hg.), *Über Anna Seghers. Ein
Almanach zum 75. Geburtstag.* Berlin u. Weimar 1975. S. 77f

Bahnhof Montparnasse machen mußte, um nach Hause zu fahren. In dem inzwischen verschwundenen Passanten-Café schrieb sie emsig (...) Öfter, doch zu keiner Zeit sehr häufig, trafen wir uns in der ruhigen oberen Etage gewisser Cafés des Quartier Latin. [99]

Wenden wir uns diesem emsigen Schreiben im und über das Café zu, so wird in einem der Produkte, nämlich dem Roman einer Flucht und des Exils, *Transit*, bild- und stimmungsreich der beziehungsreiche Kontext Café überaus zur Spiegelung der Wirklichkeit. Dabei soll bewusst sein, dass es sich um einen fiktiven Roman handelt, dessen Protagonist als reflektierender Erzähler (Seidel alias Weidel) in einem Tagesablauf seine Geschichte dem Gegenüber und also dem Leser erzählt. Legitim erscheint mir dennoch - gerade bei allem vorliegenden Material aus der Pariser Lebens- und Arbeitsgrundlage von Anna Seghers selbst, zu ihrem gesellschaftlichen Sein - Schlüsse auf wirkliche Verhältnisse ziehen zu können. Denn, bei aller Fiktionalität äußert sich darin auch beabsichtigte Realität, die von Seghers bewusst gewollt war. [100]

Das Café wird im Mittelpunkt stehen als ,*Wartesaal der Poesie*', die ,*Hohlräume der Gefühle*' gilt es zu entdecken. Anna Seghers wie auch andere Frauen verhielten sich im Exil nicht allein einseitig anpassend, still oder vereinsamt literarisch, son-

---

[99] Manés Sperber, *All das Vergangene*. S.670.
Zitiert nach Anne-Marie Corbin, a.a.O.,S.95,Anm.44
[100] An dieser Stelle erscheint mir die Diskussion über den ,Realismus' in der Kultur ab etwa 1937 in der Exilzeitschrift ,Das Wort' und diversen Briefwechseln geführt, zwar virulent, aber nicht sozusagen ,nebenbei' darstellbar. Insofern verweise ich hier für den Interessierten auf mein Buch: *Heinrich Vogeler. Bohème & Sozialist*. Darin die Expressionis-mus/Realismus-Debatte,Kap.V,S149ff und auf den Briefwechsel zwischen Anna Seghers und Georg Lukács vom 28.Juni 1938 und Februar 1939.
In:Anna Seghers, *Aufsätze, Ansprachen, Essays 1927-1953*. Berlin und Weimar 1980

dern erklärten auch organisiert oder/und individuell dem antifaschistischem Kampf ihre Stimme, was selbstverständlich wertvoller Teil ihrer Exilbiografie war und bleibend ist. Hier aber allein ausdrückliche Beachtung findet, sofern es die Existenzialität des Café-Lebens hinsichtlich der Aufgabenstellung berührt.

> *Er (Paul Strobel) war gut gekleidet. Wir setzten uns vor das kleine Café auf dem Carrefour de l'Odéon. Ich war froh, ihn wiederzusehen.*[101] *(…)Das Paulchen bestellte mich auf den nächsten Tag in das Café Capoulade.(…)Am nächsten Morgen zog ich mit meinem Handkoffer in die Capoulade. Ich wartete umsonst auf Paulchen. War er plötzlich mit dem Seidenhändler abgereist? War er nicht in das Capoulade gekommen, weil an der Tür ein Schild hing: »Für Juden verboten«?*[102]

Allein in diesem Textausschnitt erweist sich das *Café* als Treffpunkt mit einemFreund vergangenen, gemeinsamen Schicksals, worin auch eine allgemeine Gültigkeit liegt. ‚Man' war exiliert mit eigenem Dasein am fremden Ort, hatte Zusammentreffen außerhalb, weil die Familie vielleicht störte oder es die Familie stören könnte, weil die eigene Wohnung klein, zu klein, umständlich zu erreichen oder vielleicht mit bewohnt wurde … etc. Gründe gab es tatsächlich viele, bis natürlich die, dass ‚man' glauben konnte, möglichst lange unentdeckt, unbehelligt von den deutschen und auch französischen Behörden zu bleiben.[103] Das wurde

---

[101] Anna Seghers, *Transit*. Frankfurt a. Main 1989.S.20

[102] ebenda.S.26,29

[103] Auch das allerdings entwuchs nur einer stillen Hoffnung, denn nachweisliche Polizeiprotokolle zeigen das Gegenteil. Nachzulesen u.a. bei: Anne-Marie Corbin, *Die Bedeutung der Pariser Cafés*, a.a.O., S. 88ff

natürlich spätestens nach der deutschen Offensive an der sog. ‚Westfront II' 1940 für österreichische und deutsche jüdische und politische Exilanten gefährlich evident. So erfahren wir ja auch literarisch an dieser Stelle, dass sich bereits auch in Paris die ‚Judenprogrome' auswirkten.Dass Anna Seghers selbst aus Paris wegen Verfolgung fliehen musste, nochmals zurückkehrte an geheimem Ort mit unterschiedlicher Unterbringung der Kinder, - ihr Mann war bereits ins Lager ‚le Vernet' verbracht worden -,um dann endgültig im September 1940 die Flucht ins noch unbesetzte Frankreich unter der‚Vichy'-Regierung anzutreten.

Von Hertha Pauli wissen wir, dass sogar der Stimmzettel zur sogenannten ‚Volksabstimmung' über den ‚Anschluss' Österreichs an das Deutsche Reich in ihr gerade bezogenes kleines Pariser Hotel in der Rue Tournon geschickt worden war[104]

Wir waren noch keine Woche in Paris – da kam ein Hakenkreuz direkt zu mir in das kleine Hotel. Es zierte einen Brief, den mir Madame Boucher aus der Conciergeloge reichte.
Ich wurde blaß. Erst als ich allein in meinem Zimmer war, wagte ich, genauer hinzusehen. Dieses Hakenkreuz war ein offizieller Stempel auf dem Schreiben, das nicht aus dem Reich, sondern vom deutschen Generalkonsulat in Paris gekommen war. ... Ein Stimmzettel fiel mir entgegen. Ich las:
»Bist Du mit der am 13.März (1938) vollzogenen WIEDERVEREINIGUNG VON ÖSTERREICH MIT DEM DEUTSCHEN REICH einverstanden und stimmst Du für die Liste unseres Führers ADOLF HITLER?«
Darunter war ein großer Kreis für das JA und

[104] Hertha Pauli, *Der Riss der Zeit,* a.a.O.,S.37

Im weiteren Erzählverlauf von *Transit* befindet sich nun der Hauptschauplatz in Marseille, der Stadt des Aufenthalts zur ersehnten Ausreise nach Übersee im Jahr 1941, zwei Jahre nach Beginn des zweiten Weltkrieges, dem militärischen Überfall auf die damals noch sozialistische UdSSR, der Besetzung Nordwestrankreichs mit Paris und dem von Hitler-Deutschland aufgezwungenen ‚Waffenstillstandsvertrag' mit dem lebensgefährlichen §19 [105].War man bis hierher flüchtend relativ unbehelligt angekommen oder wie Marta Feuchtwanger, Lisa Fittko und Lou Ernst bereits in Südfrankreich untergekommen, benötigte man verschiedene Papiere (ein *visa de sortie*; ein *affidavit*; einen *sauf-conduit*), um *en règle* überhaupt einen abgesicherten Aufenthalt haben zu können oder/und mit dem Schiff ausreisen und einreisen zu dürfen.[106] Wie eben auch, wenn der fortgesetzte Fluchtweg über die französisch-spanischen Pyrenäen auf der nach Lisa Fittko benannten *F-Route* letztlich über Lissabon führen sollte.[107]
Hier in Marseille erscheinen Cafés als Orte der Gewohnheit, des Alltags, der Flucht, der gesuchten Gemeinsamkeiten und gleichermaßen als gefährli-

---

[105] §19 besagte, dass auf Verlangen der Nazi-Bürokratie Deutsche, Deutschstämmige an das Reich auszuliefern seien.
[106] vgl. dazu im Anhang die Liste der ‚Papierdokumente'
[107] vgl. Lisa Fittko, *Mein Weg über die Pyrenäen*, a.a.O., S. 108;109ff;156ff

che. Als Orte, in denen wirkliche und geglaubte *Hohlräume* existierten, geschaffen oder eben imaginiert wurden. Hier schienen die ‚Gedanken' noch 'frei', unerkannt, unverfolgt, zum Austausch unter Gleichen konspirativ möglich. Anna Seghers lässt ihren Protagonisten eindrucksvoll darüber monologisieren

Ich traf die Frau in den nächsten Tagen nicht mehr. Sie hatte vielleicht ihre nutzlose Suche aufgegeben, vielleicht den gefunden, den sie suchte. Bald drohte mein Herz, sie sei bereits auf dem Meer, vielleicht auf jenem Martiniqueschiff, über dessen angebliche Abfahrt die Menschen in dieser Woche gerätselt hatten. Bald drohte mein Herz, ich würde sie wiederfinden, wo immer, wie immer. Ich zwang mich, das Warten aufzugeben. Doch die Gewohnheit behielt ich bei, mit dem Gesicht zur Tür zu sitzen. Schon kannte ich viele Gesichter in dem ununterbrochenen Strom der Abfahrtbesessenen. Der Strom schwoll an. Tag um Tag, ja von Stunde zu Stunde. Und keine Netze von Polizisten und keine Razzien, und keine drohenden Konzentrationslager und keine noch so harten Verordnungen des Präfekten von Bouches du Rhône konnten verhindern, daß der Zug abgeschiedener Seelen in Überzahl blieb gegen die Lebenden, die hier ihre festen Siedlungen hatten. Für Abgeschiedene hielt ich sie, die ihre wirklichen Leben in ihren verlorenen Ländern gelassen hatten, hinter den Stacheldrähten von Gurs und Vernet , auf spanischen Schlachtfeldern, in faschistischen Kerkern und in den verbrannten Städten des Nordens (...) Ich fürchtete mich beim Zusehen, ich könnte in diesen Strom hineingeraten, ich, der ich mich noch am Leben fühlte, durchaus zum Bleiben gewillt, als könnte ich in den Strom gerissen werden

durch einen Gewaltstreich oder durch eine Verlockung. (...) Ich traf fast betäubt in den Mont Ventoux (Café-Restaurant in Marseille), um ein wenig Atem zu schöpfen. Da war dann die Frau das erste, was ich erblickte, als ich klar sehen konnte. Sie stand, an die Wand gelehnt, hinter dem Tisch, an dem ich am liebsten zu sitzen pflegte. Ich nahm mich rasch zusammen und setzte mich. Ihre Hand lag minutenlang auf meiner Stuhllehne.
108

(...)
Ich trat danach in das nächste Café – was sollte ich sonst auch tun? Das Café hieß Brûleurs des Loups. Ich sah im Vorbeigehen den Korsen in der Glasveranda des Cafés Kongo. Er erkannte mich und lächelte. Ich schrieb dieses Lächeln dem Umstand zu, daß ich seinem Herzen näher stand als seine üblichen Prestatairekunden. Es gibt in den Brûleurs de Loups manchmal echte Franzosen. Sie sprechen statt von Visa von vernünftigen Schiebungen.Ich hörte sogar ein gewisses Boot nach Oran erwähnen. Während im Mont Ventoux die Besucher alle Umstände der Passage breittraten, verhandelten diese Leute hier über alle Umstände der Kupferdrahtladung. (...) Der Nachmittag schritt vor. Die Konsulate wurden geschlossen. Jetzt überschwemmten die Transitäre,von Furcht gepeinigt, die Brûleurs des Loups und jeden denkbaren Ort. Ihr tolles Geschwätz erfüllte die Luft, das unsinnige Gemisch verwickelter Ratschläge und blanker Ratlosigkeit. ... Ich legte mein Geld auf den Tisch, um in den Mont Ventoux hinüberzuwechseln. Da trat die Frau in die Brûleurs des Loups.Sie hatte noch immer den traurig finste-

---

108 Anna Seghers, *Transit*.a.a.O.,S.133, 135

ren Ausdruck eines Kindes, das man beim Spiel zum besten hält. Sie suchte sorgfältig alle Plätze ab, mit jener traurig ergebenen Sorgfalt, die in den Märchen die kindlichen Frauen haben, die eine nutzlos aufgegebene Arbeit umsonst tun. Denn ihre Suche war wieder nutzlos, sie zuckte die Achseln und ging. [109]

Als Raum des Rückzugs und der Flucht, der Suche nach...,des irgendwie *Imstichgelassenseins* oder der *Imstichlasserei* wie Anna Seghers es auszudrücken vermochte, erscheint das Café hier gleichwohl. Und immer wieder auch als Ort der Liebe zu ..., höchster Emotionalität und Hoffnung, aber wiederum gleichzeitig als eine zweite Seite der Distanz,bleibender Fremdheit aus einer Suche heraus nach..., wie des ermüdend Unerreichten.

Anna Seghers schaffte es wunderschön,diesen Situationen mit Gesichtern und Gesten eine Sprache zu geben:

Ich lud Marie ein in ein kleines Café am Boulevard d'Athènes. Sie ließ mich kaum warten. Doch wartete ich die wenigen Augenblicke verzweifelt, töricht. Da war es für mich denn ein Wunder, daß sie eintrat, geradewegs auf mich zuging. Sie warf ihre nasse Kapuze weg und setzte sich neben mich. »Wie steht es? Ist etwas erreicht?« - Ich sagte: »Ich habe schon manches erreicht. Du darfst dich da nur nicht ein-mischen, nichts verwirren. Man wird dich zur rechten Zeit rufen. Dann wird man nichts mehr von dir verlangen als eine Unterschrift.«
Sie rückte ein wenig ab und stützte sogar den Kopf in die Hand, um mich besser zu betrachten. Sie sagte: »Mir kommt es bisweilen vor, daß mir ein Fremder hilft, wo ich selbst keinen Rat mehr weiß, ein Fremder, der plötzlich auf-

---

[109] dies. a.a.O., S.143f

taucht, ein Unbekannter.« Sie berührte leicht meine Hand zum Dank. [110]

Es drängt sich angesichts aller Deutlichkeit darüber, - dass wohl das Exil-Dasein eine sehr individuierte und isolierte Daseinsform darstellte - , die berechtigte Frage nach einer *Solidarität* auf, weil sonst die gewollte Entsolidarisierung drohte. Suchten die Frauen sie auf der ständigen Suche nach jemanden? Suchten sie ‚nur‘ die Zusammengehörigkeit dessen, was zusammengehörte? Suchten sie Partner, um diese Exilzustände zu ertragen oder/und eben gemeinsam solidarisch positiv zu gestalten?[111]Oder gerade, um diese, vielleicht auch deren Ursachen zu verändern? Wollten sie vielleicht ‚nur‘ und mit aller Berechtigung leben und arbeiten? Fragen, die sich im Fortgang dieser Arbeit wohl in Teilen beantworten werden lassen. Eine erste findet sich bei Anna Seghers, bevor weitere Literatur danach befragt wird:

Endlich richten sich diese Augen nicht auf den Mittelpunkt der Familie, sondern auf einen Punkt außerhalb. (Dadurch ähneln sie sogar wieder den alten echten Familien, die auch nicht auf sich selbst bezogen waren, sondern auf etwas außerhalb ihrer selbst.) Eingefügt in eine Gemeinschaft höherer Ordnung, wird die Kraft und Geborgenheit einer solchen deutschen Emigrantenfamilie ein Teil der allgemeinen Solidarität. [112]

Geht es um *einen Punkt außerhalb*, geht es auch um den *Punkt* der *Hohlräume der Gefühle*, die solidarisch auszufüllen waren gegen Faschismus und

---

[110] dies. a.a.O., S.193f
[111] vgl.Anna Seghers, *Gewöhnliches und gefährliches Leben*,S.111-113
[112] dies. a.a.O.,S.136

Krieg. Gerade deswegen, um gefühlte Furcht und Angst, die auch gewollt war, die lähmend wirkte, erfolgreich und solidarisch bekämpfen zu können, in optimistische Lebensoptionen zu lenken.
Doch schnell, sehr schnell konnte der Faschismus auch hier besetzend wirken.

Der Exil-Roman Anna Gmeyners' *Café Du Dôme* [113] in Auszügen betrachtend, offeriert darüber ei-nige bedeutsame Erkenntnisse. Auch hier gilt glei-chermaßen bzgl. der Fiktionalität des Romans der darin liegende zeitbezogene Realismus des Exil-daseins in Paris und dessen Cafés.[114]

> *Nadia* (Protagonistin) *could not help smiling as Glebov steered her towards the Dôme, just as though no other restaurant existed in Paris. But the Café they now entered had nothing in common with the place she had sat yesterday evening; it was an ordinary, almost empty café at twelve noon, in which one or two quite com-monplace people who had got up late were drinking their morning coffee. It was actually possible to choose a table.*[115]
> (…)
> *'You know the Deux Magots , of course. All the moment German is the official language there; every evening Hitler is overthrown and a new German government formed. Have you heard*

---

[113] Der Roman liegt nun in einer aus dem Deutschen ins Englische übersetzten Londoner Version von 1941 vor. (vgl. dazu: Birte Werner, *Illusionslos.Hoffnungsvoll,*a.a.O., S.196,Anm. 18) Gedeutet wird hier aus der deutschsprachigen Denkweise.
[114] Heike Klapdor-Kops sieht dessen Qualität auch in seiner Bedeutung als Zeitdokument, insofern als »ein sachliches und historisches Bild des deutschen antifaschistischen Exils« gezeichnet wird. In: *Exilforschung*. Ein internationales Jahrbuch 3, a.a.O., S.331f. Vgl. auch: James M. Ritchie, *Anna Gmeyner and the Scottish Connection.* Hull 1995. S. 209f
[115] Anna Gmeyner, *Café Du Dôme*. London 1941. S.32

the latest, by the way?'[116]

(...)

On the crowded terrace people were singing, shouting, chattering, looking on at the carnival. But in the halflight of the interior of the café time stood still. In their people were conversing with shadows, living in a fairy tale world, frail as a cobweb, where things loomed up one moment and were dissolved the next, where the dead were not dead and the living not living, but puppetfigures of a dream which could be moved at will. But even as her emotion, gentle as the gentlest of touches, sought to take hold of and comprehend everyone of those frustatet lives, something within her uttered an imperious 'No', and ruthlessly severed her from them. No, the purpose and objective of her search did not lie here. Not in the Dôme, not in fight into a world of illusions.[117]

Eindrucksvoll in der Darstellung von Gegensätzlichkeiten, manifestiert in Situationen und Personen, die m.E. gut verdeutlichen, dass ‚man' eben nicht nur Exilantin auf der Flucht war, in Dauerstellung Gefahren zur Abwehr erwartend, sondern insbesondere auch im Pariser Kontext lebend, nahezu ausufernd unbedarft. Diese Seite sollte nicht außer Acht gelassen werden, wie natürlich auch die andere nicht. Nämlich die des ‚No', sich von den anderen *frustated lives* distanzierend, die eigene Suche nicht im Café-Leben erfüllt zu sehen und eben *not in fight into a world of illusions.*
Anna Gmeyners' Protagonistin Nadia, die Kurzform vom russischen Nadezhda, was so viel wie Hoffnung bedeutet, gibt sich dem Pariser Leben zwar in Teilen auch so hin als gäbe es nur dieses, gera-

---

[116] ebenda,S.103
[117] ebenda, S.390f

de auch die auffällige Ausgelassenheit angesichts des französischen Nationalfeiertages zum 14.Juli. Aber sie verdeutlicht mit ihrer suchenden Haltung eine Suche nach ‚Emanzipation'. Wovon und wohin genau, wie es und was es genau auch immer dann sein sollte, bleibt letztlich verschlossen, doch dass es dieses Leben nicht sein könne, wird allzu deutlich gemacht. Wäre das positiv-optimistisch zu wertende Suchen nicht, käme allzu leicht Gertrude Steins Begriffsprägung von der frustrierten *Lost Generation* allzu deutlich zum Tragen. So aber entwickelt sich immer wieder eine hoffnungsvolle Sichtweise, allerdings wenig in Gemeinschaft als solidarisch-politische. So verdeutlicht anhand von weiteren Cafészenen, deren Innenleben stoisch wiederholend und somit ritualisierend erscheint. Begleitet vom erzeugten Lesebewußtsein, dass die Protagonistin Nadia keinesfalls in und um Illusionen kämpfen will, dennoch sich gleichermaßen in diesem Bann befindet. Durchaus eine im Exil existente Haltung Anna Gmeyners' selbst:

… as on every evening; … day after day; everyone here seemed to have no part in the riotous merry-making outside in the street. Everyone was either here with a companion or … had an appointment with something that lay outside reality. … evening after evening.
You could, to be sure, get a 'Café Crème' for one franc fifty anywhere in Paris if you could not stay at home in a room beneath a burning metal roof, which did not even cool down at night; here in the Dôme, however, Nadia had a kind of rendezvous with someone who in reality was imprisoned in Dachau, … »For the rest, I (d.i. Martin Schmidt) *write sketches and articles, but only in the Dôme. If I write them anywhere else I know they're bad … I flatter myself after writing for about an hour that I'm*

a Balzac. You (Nadia, d.Verf.) don't belong the-
re … It's the home of ghosts and tourists.«
»And what are you?« (Nadia fragt, d.Verf.)
»Both. Dead men on leave, as you know …
Ghost and tourist in one. The Dôme is therefore
the right place for me.«
She asked herself where she should go now,
and the answer, 'to the Dôme', came with al-
most alarming promptitude. Was she in danger
of becoming a confirmed café lounger, was the
Dôme becoming her spiritual home, was she
chasing afresh after illusions? 'Ghosts and tou-
rists', Martin Schmidt had said.
There was only one place which would receive
people like herself with open arms at half past
one in the morning. The familiar illuminated
signe of the Dôme welcomed her like the lights
of a harbour …[118]

Letzteres erscheint dann symbolisch für Ankunft und Ausreise. Vielmehr aber wird hier deutlich, wie in dieser qua rituellen Verfangenheit zwar ein Bewusstsein darüber besteht, aber ohne perspektivisch-optimistische Veränderung scheint (*'Ghosts and tourists'; Ghost and tourist in one; evening after evening: where the dead were not dead and the living not living*).
Gleichermaßen als Bezug zur Dialektik der Pariser Bohème, die sich über die Weltwirtschaftskrise, Krieg und Okkupation, - ideell abgehoben ohne überlebensstrategisch-ökonomische Grundlagen -, bis hierhin im gesellschaftshistorischen Desaster anachronistisch gerettet hatte. *,Man wollte so sein'.* Deren soziale Kommunikation und das der darin angepassten Exilantinnen, - oben bereits mit den Begriffen *parcours* und *discours*[119] beschrieben - ,

---

[118] ebenda, S.9;10;18;54;86

[119] vgl. Anm. 92: Lutz Winckler, *Zum Paris-Mythos im Pariser Tageblatt/Pariser Tageszei-*

erwies sich letztlich offensichtlich nicht als hilfreich, um eine widerständisch-emanzipatorische und solidarische Haltung zu entwickeln. Individuation und Lebenskunst bildeten ja schließlich die Grundlage solch zu etablierenden Daseins.

Auch Susanne Bach bestätigte in ihrer autobiografischen Schrift *Karussell* ihre Wunschvorstellung nach Paris[120]. Nun aber handelte es sich um einen aufgezwungenen Pariser Lebensabschnitt, in dem ganz neue, ungekannt gefährliche Gesetzmäßigkeiten herrschten.

Oft beherrschten auch behindernde Uneinigkeiten (besonders in der Ursachenbestimmung und des Kampfes gegen den Faschismus), Denunziationen (Martin, der kommunistische Freund Nadias', wurde beispielsweise an die Pariser ‚Gestapo' verraten), korruptive Einflussnahmen (beispielsweise bei Eigentümern und Gestaltern des ‚*Pariser Tageblatt*, der *Pariser Tageszeitung*)[121] Aber gerade auch der dargestellte Kampf auf dem Parkett der Cafés als kultureller Szene. Und dies ohne wirklich den *frustatet lives* beispielsweise mit einem ‚No' entkommen zu können.

Vorzüglich illustriert erscheinen solche Phänomene eben in dem Fortsetzungsroman von Lou Ernst, *Zauberkreis Paris.*[122] Darin scheint umso mehr deutlich zu werden, dass zwar die Pariser Cafés durchaus mit der Wortschöpfung *Wartesäle der Poesie* literarisch und situativ konnotativ adäquat bezeichnet sind, dennoch auch hier das Emanzipativ-Widerständische nach Anna Seghers' Anspruch nicht stattfindet. Eher Situationen und Personen gezeichnet sind, die mehr einer durch die Flucht entstandenen Notgemeinschaft oder ähnlich

---

tung. In: Anne Saint Sauveur-Henn, a.a.O.,S.261ff
[120] Susanne Bach, *Karussell*, a.a.O., S.2ff
[121] vgl. dazu: Lion Feuchtwanger, *Exil*; Klaus Mann: *Der Vulkan*
[122] Lou Ernst, *Zauberkreis Paris*. A.a.O.

Leidender, statt einer solidarischen glich. So hatte Lisa Fittko das vielleicht sehr nüchtern, aber treffend gekennzeichnet: *Man traf sich meist in Cafés, in der ‚Coupole‘, in ‚Les deux Magots‘, und sprach über den moralischen und materiellen Trümmerhaufen, in dem man leben mußte.*[123]

So hockten sie ziemlich sinnlos in den Cafés der Champs-Elyseés herum, kamen sich wie Nichtstuer vor und gewöhnten sich allmählich daran, es wirklich zu sein. Die Intellektuellen, die meist weniger Geld, aber dafür literarische Ambitionen hatten, verachteten den unpersönlichen Prunk der Champs-Elyseés und bevorzugten die Gegend von Montparnasse. Von den Cafés beider Gegenden erzählte man den gleichen Witz, es habe sich dort – im Dôme oder im Colisée – ein Franzose erschossen, aus Heimweh.[124]

Zu anderen Emigranten hatte ich wenig Fühlung. Die sassen in den Cafés herum oder drängten sich in den Comités, beklagten sich über alles und konnten sich nirgends anpassen. ... Die Männer, vor allem die älteren, sassen zum Teil in dumpfen Groll schweigend herum. Andere führten leere Diskussionen miteinander. Nur wenige lehnten sich leidenschaftlich auf gegen das, was man ihnen getan hatte, aber auch unter ihnen sah kaum einer über sein persönliches Missgeschick hinaus.[125]

Die vergeblichen Gänge, die man heute wieder gemacht, Beobachtungen aus dem Pariser Leben, Gespräche über Filme wurden bevorzugt, um die leeren Caféhausstunden mit ober-

---

[123] Zitiert nach:Elsbeth Weichmann, *Zuflucht. Jahre des Exils.*Hamburg1983.S.53
[124] *Zauberkreis Paris,* PTB Nr.388.4.1.1935
[125] dies. in: *Nomadengut,* a.a.O., S. 143f

Diese Beschreibung scheint ebenso, wie schon oben angeführt, das Realistische aus dem Fiktionalen zu entblättern, zumal es davon unterschiedlichste mit gleichem oder ähnlichem Aussagetenor gibt. Bestätigt wird eher die 'Notgemeinschaft', der *Trümmerhaufen,* mehr unsinniges Tun, um etwas zu tun als produktiv wert- und nutzvolle Arbeit zu tun. Ein Bild, das sicherlich entstanden war unter den beteiligten Frauen, mindestens temporär in den Cafés, dessen resignativer Gehalt dennoch gegen die Wirklichkeit stand. Auch berichten die schriftstellernden Frauen ja immer wieder in autobiografischen Dokumenten oft übereinstimmend in der Weise darüber.Damit liegen individuell-subjektiv bestimmte Dokumente vor, die einerseits solches Dasein eben als quasi Negation zeigen, Spiegel dessen sind, wie sie auch natürlich darauf hinweisen, dass die gesellschaftshistorischen Bedinggungen solches begründen. Eben nicht bohèmien Champagner trinkende und sich auslassend vergnügende Frauen im Pariser Tages- und Nachtleben, den Pariser Aufenthalt genussreich, scheinbar ohne wirklichen Leidens am Exil, erlebend. Sondern Frauen (und Männer), die ihrem eigentlichen Arbeiten und Leben, als individuell- persönliches und gesellschaftliches Wesen in der Kultur, entrissen sind. Wir erleben die hier vorgestellten Schriftstellerinnen in vielfältigen Facetten ihres Seins. In den *Wartesälen der Poesie,* eben als Wartesäle zur Arbeitsmöglichkeit in ihrer Profession, zur ersehnten Rückkehr in ihre heimatverbundene Arbeits- und Lebenssituation und zur Weiter- und Ausreise nach der deutschfaschistischen militärischen Besetzung von Paris im Juni 1940. Dies bedeutet nicht allein ein ganz subjektives Unglück

---

[126] *Zauberkreis Paris.* PTB Nr. 389.5.1.1935

dieser Frauen an diesem historischen Punkt, sondern objektiviert den Zustand kulturschaffender Frauen (und Männer) auf der Flucht ins fremde Land, im fremden Land selbst, wiederum in ein fernes fremdes Land ausreisend, zunächst bei Verlust gewohnter kultureller Produktivität in heimatlicher Bodenständigkeit und Anerkennung. Eben als Gegenentwurf zu einer selbst bestimmten Emigration.

Dieses Pariser Phänomen kennen wir aus der historischen Poesie seit Heinrich Heine und Ludwig Börne ein Jahrhundert vorher Deutschland verlassen mussten. Freilich da noch durch monarchistisch-feudalistisches Machtgehabe betrieben. Nicht ihr tradierter jüdischer Glaube galt primär als Begründung, vielmehr ihr produktiver Dissens mit der Macht, ihr solches Sein. Börnes' Kulturkritik, Heines' *littérature engagé*.

Verfolgen wir die Situation des Cafés im Exil weiter, so wird auch ausdrücklich deutlich, wie schon in Seghers' und Gmeyners' Romanen, dass das scheinbar Leichtfertige, das 'Rituelle' und 'Gewöhnliche' den eigentlich gefährlichen Alltag geradezu *en passant* erscheinen lässt. Erscheint paradox, entschlüsselt sich aber sozusagen als Lebenselixier.

Peter sass auf der Terrasse eines Cafés im Montparnasse und begann einen Antwortbrief an Ulla. Lieber als in seinem Zimmer schrieb er hier, wo das Leben unmittelbar um ihn herum flutete, wo Beobachtungen und Stimmungen ganz von selbst sich ergaben und den Worten stärkere Lebendigkeit liehen.[127]
Und wozu gab es überhaupt Cafés, wenn nicht für Rendezvous mit Redakteuren und Verlegern? (...) Es war keines der grossen, bunt angemalten Lokale am Boulevard, das diese

---

[127] ebenda, PTB Nr. 391.7.1.1935

Leute aufsuchten. Ein kleiner, düsterer Raum, in einer engen Gasse bei der Sorbonne gelegen, fast den ganzen Tag musste das Licht brennen. Es gab nur wenige Tische. Die meisten Gäste nahmen nur ihren Apéritif oder ihren Café an der Bar, plauderten ein wenig mit der breithüftigen Patronne und gingen wieder (...) Die Frauen in diesem Kreis waren sehr verschiedenartig.Es gab einige sehr elegant gekleidete unter ihnen, die sich stark schminkten,andere die völlig ungepflegt wirkten ... Man wusste nicht wo sie hausten und wie. Einige schienen verheiratet. Aber über diese persönlichen Umstände wurde nie gesprochen, das ging niemanden an. Eine Negerin war unter ihnen, ein Halbblut mit wundervoll bronzener Haut, auf der die rosige Schminke der Wangen seltsam stand, stets trug sie ein kornblumenfarbenes Kostüm mit gleichfarbigem Barrett. [128]

Hertha Pauli, *Der Riss der Zeit*

Ich dachte an den Stammtisch des Dichters Joseph Roth im benachbarten Café de Tournon; dort traf man neben bekannten emigrierten Kollegen [129] *auch politische Flüchtlinge sonderbarster Art, (...)* [130]
Eines Tages kamen wir ins Tournon und fanden Roths Platz leer. »Nur ein kleiner

---

[128] ebenda, PTB Nr. 394.10.1.1935. Gemeint ist hier wahrscheinlich Joseph Roths' schwarzhäutige Freundin ‚Manga Bell' im ‚Café Tournon',Rue de Tournon. Vgl. dazu Hertha Pauli, *Der Riss der Zeit,* a.a.O. S. 38ff

[129] Ständig oder zeitweise bis zur Internierung in französische Lager und/oder Flucht ins noch ‚unbesetzte' Vichy-Frankreich, bzw. dem letztendlichen Exodus nach Übersee 1933-1940/41: Susanne Bach, Ödön von Horvath, Walter Mehring, Soma Morgenstern, Hans Sahl, Hertha Pauli, Hans Natonek, Ernst Weiss (Joseph Roth und Ernst Weiss nahmen sich das Leben, Ödön von Horvath kam bei einem Sturmunglück um)

[130] Hertha Pauli, *Der Riss der Zeit geht durch mein Herz.* Wien 1970. S. 38

Anfall«, versicherte Freund Morgenstern. (...)[131]
*Ein Sturm brach los, in dem die Worte wie
Hiebe fielen. Ich duckte mich – durch das Fenster konnte man beobachten, wie das Hotel
gegenüber[132] Stück um Stück abgetragen wurde. Ein Schatten huschte vorüber; ich sah ein
Taxi vor dem Tournon halten (...) Joseph Roth
erschien in der Tür, von Manga Bell, der
dunklen Geliebten, und Soma Morgenstern,
dem einstigen Schulkollegen, wie von zwei
Schatten begleitet.*[133]
*»Wir werden immer weniger«, hatte Horvath
geschrieben.Doch an Roths Stammtisch wurden wir mehr. Eine neue Flüchtlingswelle aus
der Tschechoslowakei traf bei uns ein.*[134]
*Ich war froh, den heißen Boden der Stadt ver-
lassen zu können. Der Stammtisch im Café de
Tournon war verwaist, die meisten Freunde
fort. (...)*[135]

Es bestätigt sich auch hier die o.a. Charakterisierung um
das Maß, um das es tatsächlich temporär und situativ
ging. In Paris, in Joseph Roths' Café ,Le Tournon' mit all
den exiliert Wartenden.

Das Hoffen und Warten nach Verbleib oder Rückkehr
hatte sich zerschlagen, Paris war besetzt. Nun bestimmte
weitere Flucht und die Suche nach überseeischer Aus-
reisemöglichkeit das Leben unter dem Damoklesschwert
des sogenannten ,Waffenstillstandsabkommens':

*Vichy – der Name sagte alles. Dort saß die
neue französische Regierung unter Marschall
Pétain und Pierre Laval, die Frankreichs*

---

[131] dies. a.a.O., S.73
[132] gemeint ist das Hotel ,Foyot', in dem Joseph Roth bisher gewohnt hatte.
[133] dies., a.a.O., S.75
[134] dies., a.a.O., S.81
[135] dies., a.a.O., S.85

*Übergabe und Verträge mit dem Führer abge-
schlossen hatte; darunter die Festsetzung der
besetzten Gebiete, die Zusammenarbeit der
französischen Polizei mit der Gestapo und der
berüchtigte §19 des Waffenstillstandsvertrages,der ausdrücklich die Auslieferung aller sogenannten deutschen Untertanen auf Verlangen garantierte.*[136]

Folgend der eigentlich ersehnte Fluchtort Marseille im
Herbst 1940.Die Cafés auch hier nun nicht mehr be-
sinnlicher Ort, *Wartesaal der Poesie*, sondern auch eher
gefährlicher Ort im noch von den deutschen Truppen
,unbesetzten' Südfrankreich unter der sog. ,Vichy'-Regie-
rung. Wurde also dieses Leben mit all den gefährlichen
faschistischen ,Agenten' oder offen operierender Gestapo
(*hohe schwarze Stiefel*) zusätzlich von Begleitumständen
wie individuierter Geheimnis- und Misstrauenshaltungen
bestimmt. Von denen war bei Anna Seghers auch schon
die Rede, wenn es um das *Visa de sortie* oder das *affidavit* ging, um überhaupt eine Schiffskarte zur Ausreise
oder die Möglichkeit zur Flucht über die Pyrenäen zu
erhalten[137] oder eben wie im Falle von Hertha Pauli der
Weg über die *F-Route*, - benannt nach Lisa Fittko - , über
Spanien nach Lissabon, um von dort mit einem Ozean-
dampfer die Überfahrt nach Nordamerika antreten zu
können.[138]

*Unser Morgenbad im Meer begann den Mor-
genspaziergang zum Konsulat(Marseille)zu ersetzen. Selbst Routine half nichts mehr. Wir
hatten die Hoffnung auf das Almosen aus dem
Schloßinneren - Montedron,Marseille - aufgegeben und wollten den Portier nicht so oft beläs-*

---

[136] dies., a.a.O., S. 203
[137] vgl. Anna Seghers, *Transit*, S.300ff
[138] Hertha Pauli verlässt vom 3. auf den 4. September mit der *Nea Hellas* Lissabon in
Zielrichtung New York. Vgl. Hertha Pauli, a.a.O., S. 224ff

*tigen. Mehring (Walter) und Frank (Leonhard)
hielten sich morgens meist im Bistro - Mistral -
auf. In verschiedenen Ecken sitzend tranken
sie Kaffee und schrie-ben, meist Briefe.*[139]
*Versteckt in den kleinen Cafés auf der Canne-
bière, vegetierten die Flüchtlinge dahin, Tag für
Tag, Nacht für Nacht. Sie lebten von Gerüch-
ten, klammerten sich angstvoll aneinander.
Schaute ein Fremder herein, so fürchtete man
sich. Meist waren es irgendwelche Agenten, die
sinnlose Sachen anzubieten hatten, wie die
Plätze auf Schiffen, die noch nicht gingen.*
*»Vorsicht«, flüsterte Natonek (Hans) uns eines
Tages zu. »Heut war ein Agent hier, der den
Namen von einem Amerikaner zu wissen vor-
gibt, der angeblich nach uns sucht. Kostete nur
fünfzig Francs. Aber wenn du zahlst, fragt er
zunächst einmal nach deinem Namen«.*
*Der Amerikaner schien eine Art Attrappe zu
sein; griff man danach, so klappte der Deckel
zu, schnitt uns vielleicht die Köpfe ab ...
Ängstlich schlichen wir weiter, von Café zu
Cafè, vorsichtig, nach allen Seiten witternd.
Folgte uns vielleicht einer, der hohe schwarze
Stiefel trug?*
Wir landeten bei den Werfels[140]*, die allein an
ihrem gewohnten Platz saßen. Wir begrüßten
einander, und als ich nach dem Amerikaner zu
fragen wagte, legte Alma den Finger auf den
Mund. »Psst«, machte sie, »wir wollen nicht
davon reden, das regt den Franzl zu sehr auf.«
Er aber fiel schon mit weißen Lippen ein: »Der
Amerikaner soll in Vichy sein. Man will uns
bloß in eine Falle locken ... «*
*Beschwörend rief Alma: »Franzl, reg' dich nicht
auf ...»*

---

[139] dies., a.a.O., S.186
[140] Es handelte sich hier um Alma und Franz Werfel

Die Mausefalle schnappte wieder zu. In der Bar Mistral saßen Mehring und Frank, die Köpfe in ein Papier vergraben. (...)
Wie Ratten auf einem sinkenden Schiff saßen wir in jenem August in der Bar Mistral, fühlten, daß wir untergehen mußten. Das Schiff verlassen konnten wir nicht. Ratten, die man in einem engen Raum zusammensperrt, beginnen einander aufzufressen. Das taten wir nicht. Aber wir mißtrauten uns. Jeder schien ein Geheimnis mit sich herumzutragen, das er nicht verriet.[141]

Mausefalle (engl. Mousetrap) ist eine oft gebrauchte allegorisch verwendete Begrifflichkeit in der auto biografisch-dokumentatorischen wie in der exilforschenden Literatur, die regelrecht populärwissenschaftlich als geflügeltes Wort bezeichnet werden kann. Beschreibt es doch die so empfundene letztendlich irreversible Situation am jeweils letzten französischen Ort einer eigentlich doch noch günstig verlaufen könnenden Flucht,entweder von Marseille nach Perpignan, Banyuls mit dem Zug oder nach Cerbère, zu Fuß die Pyrenäen überwindend nach Port Bou.Zur Weiterreise nach Madrid, Lissabon in überseeische Länder. Aber nur, - was jederzeit Realität erlangen konnte - ‚wenn wegen fehlender Papiere, Festnahmen, Internierung oder gar Tötung oder Suizid letztendlich kurz vor Rettung diese *Falle* eben nicht zuschnappte.[142]
Auch Susanne Bach gibt angesichts solcher Wider-

---

[141] Hertha Pauli, a.a.O., S. 205ff

[142] Beispiele davon gibt es so zahlreich, dass an dieser Stelle diesbezüglich keine wiederholende Erarbeitung erfolgt. Besonders tragische Opfer in diesem Kontext waren: Lou Ernst; Christa Winsloe; Ruth Rewald; Joseph Roth; Ernst Weiss; Walter Benjamin. Ich verweise auf die dafür zuständige und ausgezeichnete Literatur der Exilforschung (s. Anhang) und insbesondere auf die Website der ‚Gesellschaft für Exilforschung‘: www.//Gesellschaft für Exilforschung, wie auf die der DNB: www.//Künste im Exil

sprüchlichkeiten in Situationen und auch im eigenen Verhalten davon Zeugnis:

Jeden Dienstag abend trafen wir uns im Café de la Frégate auf dem Quai Voltaire mit Freunden: zwei Malerpaare, Hans Reichel, der einsame Maler, der Journalist Hans Jakob, der am Anfang des Krieges der deutsche Sprecher für Radio Paris, das gegen Hitler Propaganda machte, wurde und der außerdem wie ich ein Vossler-Schüler war, die Schauspielerin Sybille Binder, vor Hitler berühmt und beliebt und immer noch schön, der Porträtmaler Eugen Spiro, der mir abendlang von dem München von 1900 erzählte, und einige andere Künstler, Freunde von Künstlern oder auch Kunsthändler. [143] *(…)
…um noch die Sonne auf der Café-Terrasse am Boulevard Montparnasse zu genießen. Gegenüber von ‚Dôme‘ und der ‚Rotonde‘, das damals noch das alte Café war und nicht das häßliche grüne Dupont, das nachher kam, in einem Sessel gelehnt, fühlte ich mich glücklich und zufrieden unter dieser sanften Sonne, daß ich fast schnurrte wie eine Katze.* [144]
In Annecy, auf der Terrasse eines Cafés in einer der malerischen Gassen des alten Viertels, erfuhren wir von den Nürnberger Gesetzten (15. September 1935) Obwohl Kurt sich nie viel um Einschränkungen seines Privatlebens gekümmert hatte, gingen uns diese Gesetze doch sehr viel an: er war ‚Arier‘ und ich ‚Nichtarierin‘. Was uns aber noch mehr aufregte als die Gesetze selbst, war die Tatsache, daß sie überhaupt erlassen werden konnten und daß sie zweifellos befolgt werden

---

[143] Susanne Bach, *Karussell. Von München nach München.* Nürnberg 1991. S. 11f
[144] dies. a.a.O., S.12

*würden. Kurt schämte sich für seine Lands-
leute, die ja auch die meinen waren, wenn
auch schon weniger, denn ich war ja die Ange-
griffene, das Opfer. Nun mußte zwischen mir
und meinem bisherigen Vaterland alles
aufhören.*[145]

*Im übrigen verwandelte das seit September
aufgezwungene Blackout mit seinen geheim-
nisvollen schwarzen Straßen, sowie den fast
täglichen Fliegeralarmen, die von Zeitungen
und Radio ausgeschlachtet wurden, sehr bald
die gefälligen und meist freundlichen Pariser -
ich spreche hier von den einfachen Leuten! - in
Misanthropen, die jedem gegenüber mißtrau-
isch waren. Diesen Wechsel konnte man in
den Unterhaltungen zwischen Gästen und An-
gestellten in Cafés und Restaurants beobachten, in der Métro und bei den Hausmeisterin-
nen.*[146]*In Perpignan atmete ich zum letzten Mal
französische Luft ein, als ich auf der Terrasse
eines Cafés den Anschlußzug erwartete. Einige
Stunden später kam ich nach Spanien, wo ich
eine Woche verbrachte, bevor es nach Lissabon
weiterging. Am 28. April verließ ich also Europa,zwar für lange Zeit, aber nicht für immer.*[147]

Es klingt profan und unaufgeregt wie dann gleichermaßen die Ankunft in Rio de Janeiro als nahezu trivial
überwältigend romantisch schön erscheint.Ein völlig kon-
träres Erlebnis jedenfalls zu dem vormals *zufriedenen*
und *glücklichen* wie dem gleichzeitig gefährdeten Leben in
beschriebenen Pariser und Marseiller Situationen. Wahrscheinlich überwog zunächst das Gefühl der rettenden
Erwartungen an das neue Leben aus einer permanent
unterschwelligen Angst heraus.Hinzu noch in solcher Na-

---

[145]dies. a.a.O., S.14
[146]dies. a.a.O., S.58
[147]dies. a.a.O., S.85

turschönheit, - das volle Glück einer Rettung überhaupt. Dies erscheint für unsere Betrachtungen aus Sicht des beginnenden 21.Jahrhundert nach 70 Jahren ohne Krieg in Westeuropa schwer nachvollziehbar, reisen wir doch mit ganz anders fühlenden Herzen und sehenden Augen nach Rio. Schon gar nicht mit komplett gefälschten Papieren in einem Leben zerstörenden Weltkrieg.
Erinnernd zum Nichtvergessen dazu Susanne Bach:

So schließt sich der Kreis. Ich hätte auf die neue Welt verzichten können, um in Frankreich zu bleiben, aber diese Art von Selbstmord hätte niemandem genutzt. (...) Kurz darauf wurde auch Marseille von den Deutschen besetzt und ich wäre einer Deportation wohl kaum entgangen.[148]

---

[148]dies. a.a.O., S.85f

V.

Epilog

Mit den hier zusammengetragenen Auszügen aus zeitbezogenen Romanen und autobiografischen Erinnerungen schließt sich der Kreis.Es wurde sichtbar gemacht, dass Schriftstellerinnen, prominent, weniger prominent, herausgerissen aus ihrem ‚heimatlichen' Umfeld, im französischen Exil der Dialektik von Willkommen/Unwillkommen unterlagen.
Der Dialektik des Krieges vom eigenen Land und in dessen Folge die Besetzung Frankreichs durch eigentlich ‚heimatliches' (d.i.) deutsches Militär.
Der Dialektik des kapitalistischen Arbeitsmarktes dort - einbezüglich der selbst prekären, einfachen Bevölkerung in Paris wie auch der in Südfrankreich - . Der Dialektik gesellschaftlicher Produktion und Konsumption, ökonomisch und kulturell.
Der Dialektik von kultureller Assimilation in fremder Kultur und doch auch solcher Verfolgung als deutschsprachige Kulturarbeiterin.
Wie schließlich die ganz persönlicheDialektik von Lebensvitalität und bedrohtem Leben. Endlich diesem Kreis dialektischer Zusammenhänge und deren tödlicher Konsequenzen entrinnend hilfs letztendlich rettender Flucht-Ausreise (*last exit*)in meist außereuropäische Staaten. Aber eben auch Tod.
Letzterer kaum als natürlicher, sondern meistens in unterschiedlich tragischen Fällen als männlicher Suizid.[149] In anderen durch Deportation ins 'KZ' oder faschistisch motivierten Mord. Im Falle Lou Ernst und Ruth Rewald als Opfer im faschistischen 'KZ', im Falle von Christa Winsloes' und ihrer Freundin Simone Gentet in Südfrankreich als Opfer einer faschistisch-nationalen französischen

---

[149] vgl. Anmerkung 129

Männergruppe.[150]
Wir sahen, dass Schriftstellerinnen, prominent, weniger prominent, herausgerissen aus ihrem ‚heimatlichen‘ Umfeld, im französischen Exil mit der jeweiligen historischen Realität,der vorgefundenen Stadtwirklichkeit, der eigenen Werktätigkeit darin und schließlich mit den ‚Wartesälen‘ lebensbejahend und lebensbedrohend konfrontiert waren. Offensichtlich nicht linear durchgehend durchgängig, sondern den dieser Dialektik inne liegenden widersprüchlichen Prozessen ausgesetzt.
Darauf musste produktiv reagiert werden.
Ich benutzte hier ausdrücklich den Begriff ‚Exil‘, sofern er vom Original stattdessen dem der ‚Emigration‘ nicht vorgegeben war. In vielerlei Literatur werden beide Begriffe synonym oder sogar der der ‚Emigration‘ ausschließlich benutzt. Nach meiner Auffassung liegen denen unterschiedliche Bedeutungen in dem hier vorliegenden Zusammenhang zugrunde.
Schon Bertolt Brecht als ein selbst ‚Exilierter‘ hatte das wie folgt in einem Gedicht historisch-linguistisch korrigierend gefasst:

Über die Bezeichnung Emigranten

*Immer fand ich den Namen falsch, den
man uns gab:
Emigranten.
Das heißt doch Auswanderer. Aber wir
Wanderten doch nicht aus, nach freiem
Entschluß
Wählend ein anderes Land. Wanderten
wir doch auch nicht
Ein in ein Land, dort zu bleiben,
womöglich für immer.
Sondern wir flohen. Vertriebene sind wir,*

Verbannte.
Und kein Heim, ein Exil soll das Land
sein, das uns aufnahm.
Unruhig sitzen wir so, möglichst nahe
den Grenzen
Wartend des Tags der Rückkehr, jede
kleinste Veränderung. Jenseits der
Grenze beobachtend, jeden Ankömmling
Eifrig befragend, nichts vergessend und
nichts aufgebend
Und auch verzeihend nichts, was
geschah, nichts verzeihend.
Ach, die Stille der Stunde täuscht uns
nicht!
Wir hören die Schreie
Aus ihren Lagern bis hierher. Sind wir
doch selber
Fast wie Gerüchte von Untaten, die da
entkamen
Über die Grenzen. Jeder von uns
Der mit zerrissenen Schuhn durch die
Menge geht
Zeugt von der Schande, die jetzt unser
Land befleckt.
Aber keiner von uns
Wird hier bleiben. Das letzte Wort
Ist noch nicht gesprochen[151]

Letztere Aussage gilt natürlich verallgemeinernd für die, für die alle, deren Aufenthalt im fremden Land nicht auf freiwilligem Entschluss basierte. Deren Flucht-*Auswanderung* zwar einer Auswanderung gleichkam, deren Grundlage für ein an-

---

[151] Bertolt Brecht, Svendborger Gedichte. 1939.
In: Werner Hecht (Hg.): BertoltBrecht,Werke. Große kommentierte Berliner und Frankfurter Ausgabe.
Berlin 1988

schließend exiliertes Dasein aber in der analytisch vorausgesehenen oder eingetretenen aktuellen faschistischen, das Leben und Arbeiten bedrohenden Machtübernahme in Deutschland lag. Mindestens nach dem Januar 1933 und der Inbrandsetzung des Reichstages vom 26./27.Februar.Für die österreichischen und/oder tschechischen Schriftstellerinnen, - spätestens im Jahr 1938 mit dem sogenannten, durch *Volksabstimmung* legitimierten *Anschluss* und der Besetzung der 'Rest'-Tschechei im September 1938.

Wer exiliert war, unterlag zweifellos einer weitgehend unbeeinflussbaren fremdstaatlichen und gesamtgesellschaftlichen Zwangssituation, deren gesetzgebende Politik grundsätzlich keine dauerhafte sozialintegrative Asyl-Politik bedeutete. In Spanien nicht,noch in Portugal, - in Frankreich nur zögerlich während der 'Front Populaire' unter Ministerpräsident Léon Blum 1936-1938.[152] Zudem war ein großer Teil der hier behandelten Schriftstellerinnen der Auffassung, dieses faschistische System werde und könne sich nur vorübergehend halten, man könne bald zurückkehren. Es widerspreche jeglichen, in den Völkern entwickelter antirevanchistischer, antimilitaristischer und philosophisch-humanistischer Geisteshaltungen in Europa.

Man arrangierte, assimilierte sich im Notwendigsten, um in einem anderen Land für sich und/oder für sich und seine Familie anstatt der verlorenen, eine dennoch lebenswertere Chance zu suchen. Eine Chance, die Leben und Arbeiten für diese Zeit ermöglichen sollte. Exilierte aber waren und sind Flüchtende, Flüchtlinge, Asylsuchende, letztlich auch Zwangsnternierte und von der Auslieferung Bedrohte im Fluchtland.[153] Gefährdet, aber nicht

---

[152] vgl. dazu: Barbara Vormeier, *Frankreich.* In: Krohn, Claus-Dieter: Handbuch der deutschsprachigen Emigration 1933-1940. S. 221ff
[153] dies. ebenda.S.233ff

gefährlich. Gleichviel sind sie diejenigen *Wartend des Tags der Rückkehr.*

Das in sehr voneinander zu differenzierender Weise: unterschiedlich gefährdet, unterschiedlich verängstigt und sich nach außen bewegend, unterschiedlich trotzend, mutig, offen, in 'Schicksals' - Gemeinschaften isoliert oder/und am öffentlichen Leben teilnehmend, in der schreibenden Profession weiterhin tätig oder/und andere davon sehr unterscheidende Arbeiten ausführend, Anerkennung in der schriftstellerischen Schreibtätigkeit oder/und dies in anderen Genres. Derer Möglichkeiten und Realitäten während der Fluchtjahre gab es bezüglich der Schriftstellerinnen vielfältige. Hier waren nur Auszüge zu sammeln und zu behandeln.

Doch wie und wodurch schufen sich *Hohlräume der Gefühle,* wie es ja Anna Seghers treffend bezeichnet hatte? Waren die *Wartesäle der Poesie* solche Orte und ließen sie sie entwickeln, pflegen, beschützt erhalten? Ließen sie sogar das Überleben im fremden Land und vor demFaschismus begründen? *Die Gedanken sind frei in all unsern Taten ...,* reichte das schon zu deren Gestaltung, wenn sich doch die reale Öffentlichkeit *gefährlich* im *Gewöhnlichen* in Paris, Marseille und Lissabon darstellte? Darüber gestatten die vorgelegten Texte der hier behandelten Schriftstellerinnen keine ausdrücklich dezidierte und der Aufgabenstellung adäquate Information. Wie im übrigen auch nicht in der entsprechenden Exil-Literatur selbst, weil dort zumeist, sozusagen vorherrschend philosophisch, historisch, linguistisch und/oder literaturwissenschaftlich orientierte Phänomene extrapoliert sind. Gar nicht, bis zu gering erachtet die hier im Mittelpunkt stehenden Phänomene in der Alltäglichkeit des Exils und bezogen gerade auf weniger bekannte Schriftstellerinnen.

Dazu, auch von weiblichen Autorinnen geradezu auffällig, nicht aber gleich sinnfällig, immer wieder beim Thema *Schriftsteller und Schriftstellerinnen im Exil* der rekurrierende Tenor,- bei aller beachtlicher und lobenswerter Sachinformation - , mehrheitlich auf die Prominenz. Bei erfreulicher Erwähnung auch weniger bekannter Schriftstellerinnen,denen dann doch leider oftmals auch wenig Raum gegeben wird.

Dies auch und sogar bei selbst Exilierten wie Erika & Klaus Mann; Lion & Marta Feuchtwanger; Alfred Kantorowicz; Hans Sahl und Hermann Kesten.[154]

Resümierend ist dennoch zu sichern, dass Susanne Bach, Hertha Pauli, Gina Kaus, Lou Ernst, Anna Gmeyner, wie natürlich prominent Anna Seghers und Erika Mann weitgehend in ihren Professionen arbeiten konnten, wenn auch in unterschiedlicher Kontinuität und mit sehr unterschiedlichem Erfolg, wie auch gleichermaßen politisch wirkend.[155]

Als Gegenbild scheint Marta Feuchtwanger zu gelten, die ihr Selbstbild als Frau später in ihrer Autobiografie selbstredend als *Nur eine Frau* beschreiben sollte, die allein die international erfolgreiche Autorenschaft ihres Mannes Lion Feuchtwanger unterstützen und sichern wollte wie gleichviel wohl auch den großbürgerlichen Lebensstandard.

Die Pariser Cafés als *Wartesäle* galten als solche Hauptschauplätze.[156] Neben denen der Vorzimmer, Wartezimmer,Flure etc. von Botschaften und Kon-

---

[154] vgl. dazu beispielsweise: Edda Ziegler a.a.O.; Ludwig Arnold (Hg.)Bde I/IIa.a.O.;Erika & Klaus Mann a.a.O.; Marta Feuchtwanger a.a.O.;Ulrike Voswinkel & Frank Berninger a.a.O.; Alfred Kantorowicz a.a.O.; Hans Sahl a.a.O.; Hermann Kesten a.a.O.

[155] Gina Kaus und Hertha Pauli nach Auswanderung in den USA als Dramaturgin und Schriftstellerin; Anna Gmeyner in England als erfolgreiche Schriftstellerin und Dramaturgin; Susanne Bach in Rio de Janeiro als Buchhändlerin; Anna Seghers als sehr erfolgreiche Schriftstellerin und politisch-kommunistisch-antifaschistisch Engagierte; Erika Mann in und aus den USA politisch -kabarettistisch und -schreibend wie vortragend wirkte.

[156] vgl. Anm. 90,Hélène Roussel, *Wege durch Paris, Schauplätze, Stadtdurchquerungen.*

sulaten in Marseille und Lissabon, während die dortigen Cafés eher ein Treffpunkt vor der oder zur Ausreise nach Übersee funktionierten. Darin überwogen spätestens mit der Phase II. der sog. *Westoffensive* im Mai/Juni 1940,dem Sieg faschistischer Regime in Spanien und Portugal und vor allem nach dem aufgezwungenen *Waffenstillstandsvertrag*[157] vom Juni 1940, Lebensgefahren durch die permanente Präsenz der Gestapo und deren verbündeter nationaler Polizeikräfte.[158]

Das Leben war unmittelbar gefährlicher statt gewöhnlicher geworden. *Wartesäle der Poesie* zu tatsächlichen Wartesälen mit dem endlichen Ziel einer rettenden Schiffspassage zur Ausreise in ein neues, hoffnungsvolles Exil

Kurz vor fünf betrat ich das kleine Café auf dem Hauptplatz. Ich musste auf den wichtigen und allmächtigen Konsul warten. Das Café war zum Bersten voll.Um genau zu sein, war hier alles überlaufen ... man konnte sie kaum atmen, diese Luft in dem kleinen, schrecklich ›internationalen‹ Café in Lissabon »Meine Aufenthaltsgenehmigung ist abgelaufen«, sagte jemand am Nachbartisch auf Französisch, »sie läuft morgen ab, ich darf nicht länger als bis übermorgen bleiben. Aber wohin soll ich gehen? Werden sie mich nach Spanien deportieren? Dort werden sie mich einsperren, und wenn Hitler es verordnet, werden sie mich an ihn ausliefern. Wohin soll ich gehen?« wiederholte er, wohl wissend, daß es auf diese Frage keine Antwort gab. »Ich habe für kein Land ein Visum, und übermorgen muß ich weggehen ...«[159]

---

[157] vgl. Anm. 29
[158] vgl. Anm. 135-145
[159] Erika Mann, zitiert nach Claudia Schoppmann (Hg.), *Im Fluchtgepäck die Sprache.*

und der lebensbitteren Erkenntnis, dass der Faschismus keine kurzlebige, verirrte Episode war. Eine Rückkehr als mörderische Illusion notwendig aufgegeben werden musste. Die freie *Poesie* als Teil der *Hohlräume* existent zwar nach wie vor im Kopf und auf dem Papier, wie eben jeglicher antifaschistischer Gedanke auch, aber real geäußert als Gefahrengut gelten musste. Dennoch und trotz allem, gerade Anna Seghers hatte ja die Redewendung von den *Hohlräumen der Gefühle* geprägt, waren literarische Ereignisse als Gegenentwürfe unter diesen Umständen entstanden.[160] Wohl gerade daraus angetrieben entstanden, sodass literarisch-poetische Werke in ihrem Gehalt immermehr dem eigenen gefährlichen Leben entsprachen.Während andere resignierten, das Ende jeglicher deutschsprachiger Kultur prognostizierten, dem gefährlichen Druck nicht weiterhin standhalten konnten oder/ und ihre Profession gewinnbringend in den Dienst Hollywoods, bzw. in den des US - amerikanischen Literaturmarktes stellen konnten.Wir wissen heute, dass es solchen Schriftsellerinnen gelang, die langfristig geforderte Anpassung an den Markt leisten zu können und sie bereit dazu waren.[161]

Deutschsprachige Schriftstellerinnen im Exil. Berlin 1991. S.151
[160] Anna Seghers *Das siebte Kreuz* von 1939, *Transit* 1941 im mexikani-schen Exil; Lou Ernst's *Zauberkreis Paris* 1934-1935; Gina Kaus' *Der Feind nebenan* (*Teufel in Seide*), 1940 fertiggestellt bereits in Hollywood; Anna Gmeyner's *Manja* 1938, Café *Du Dôme* 1940 im englischen Exil; Lion Feuchtwangers *Josephus-Trilogie* 1940, weitergeführt in der Mar-seiller US-amerikanischen Botschaft nach gelungener Flucht aus dem Internierungslager *Les Milles*; Walter Benjamins *Passagenwerk* vor/auf der Flucht 1939; Leonard Franks *Mathilde* nach erfolgreicher Flucht aus dem Lager *Audierne* 1940, um nur einige Beispiele zu nennen
[161] Welche der hier behandelten Schriftsteller_Innen?
Lou Ernst kehrte zurück nach Frankreich (†ermordet im KZ Auschwitz 1944); Christa Winsloe ebenso (†ermordet im Wald bei Cluny 1944); Anna Seghers in die DDR 1947; Susanne Bach nach München1983; Erika Mann mit ihrer Familie Mann in die Schweiz bei Zürich 1952; Gina Kaus, Marta Feuchtwanger, Hertha Pauli und Lisa Fittko verblieben nach ihrer gelungenen Flucht von Marseille bzw. Lissabon in den USA, wo sie erfolgreich ihre Literarität fortsetzen konnten. Ebenso Anna Gmeyner in Großbritan-

Lisa Fittko stellte während ihrer Flucht und ihres französischen Exils eine Besonderheit dar: im Juni 1940 konnte Lisa Fittko mit anderen Frauen aus dem Internierungslager 'Camp de Gurs' in den Südpyrenäen fliehen.[162] Ihr Weg führte dann über Marseille, wo es ihr und ihrem Mann gelungen war, Visa zur Weiterreise nach Banyuls-sur-mer zu bekommen. Ihre folgende ausreisende Flucht und die der Nachfolgenden über die französische Grenze, durch spanisches Gebiet über Madrid nach Lissabon, wäre halblegal bis illegal gewesen und insofern durch drohende Festnahmen seitens der kollaborierenden spanischen Behörden stark gefährdet. Zu dieser Zeit bestand dennoch ein geheimer Fluchtweg über die Pyrenäen in den spanischen Grenzort Port Bou, der allerdings noch nicht gesichert schien. Lisa Fittko und ihr Mann fassten einen solidarischen Entschluss. Sie wollten zunächst, bevor sie selbst ihre Flucht antreten würden, diesen Weg aus eigener Kraft für kommende Flüchtlinge ohne Ausreisevisum sichern und selbst den halben Fluchtweg bis zum spanischen Grenzposten führen. In enger Zusammenarbeit mit dem *Emergency Rescue Committee* und dessen Marseiller Büro *Centre Américaine* unter Leitung von Varian Fry[163], halfen sie so vielen namhaften Kulturschaffenden wie auch *Politischen* bis zum Herbst 1941[164] über diesen Weg in die ersehnte Freiheit und Lebenssicherheit nach Übersee. Im folgenden Verlauf wurde dieser Weg, - *La Route Lister* - , umbenannt in *F-Route* (nach *Fittko*) als organisierter

---

nien lebend.

[162] vgl. Hertha Pauli, a.a.O,S.170ff; Marta Feuchtwanger a.a.O.S.282ff; Susanne Bach, a.a.O., S.72ff

[163] vgl. Lisa Fittko, a.a.O., S.310ff; Hertha Pauli, Riss,a.a.O.,S.228f; Varian Fry, *Auslieferung nach Verlangen.* Die Rettung deutscher Emigranten.

[164] Das *Centre Américaine* konnte noch bis zu seiner Schließung im Frühjahr 1942 arbeiten, jedoch ohne Varian Fry. Der war nach Verhaftung in die USA abgeschoben worden.

Grenzübergang. [165]

Schließlich bedeutend, dass Lisa Fittko diejenige der Schriftsellerinnen war, sie selbst Journalistin von Beruf, die aktiv im europäischen Exil unter gefährlichsten Bedingungen mit ihrer Kraft und humanistischer Lebensenergie anderen Flüchtenden sehr erfolgreich zu einer gelingenden Flucht verhelfen konnte. Eine mutige, uneigennützige Form des Widerstandes gegen Faschismus, gegen Gestapo-Statthalter und gegen die kooptierende 'Vichy'-Regierung im noch unbesetzten Frankreich.

›Die Franzosen‹-Pétain, Weygand, Laval (Vichy-Regierung,d.Verf.) *unterzeichneten den Artikel des Waffenstillstands, der uns Emigranten den Deutschen auslieferte, und die neue Regierung bemühte sich eifrig, die Nazis noch zu übertreffen.* [166]

Es hatte hier dennoch nicht um zu heroisierenden Widerstandskampf zu gehen, auch nicht um angepasst persönliches Verhalten im Exil, das in Zeiten des Faschismus auch auf heftige Kritik stieß. Noch um scharf zu verurteilende Konspirationen und Denunziationen unter und seitens Exilierter. Das zu leisten ist Aufgabe entsprechender thematischer Literatur.

Schon gar nicht ging es um Bewertungen seitens des Autors aus dem Blickwinkel des 21. Jahrhunderts. Aber um Respekt und würdigende Achtung gegenüber dem Leben und Arbeiten der hier ausgewählten Schriftstellerinnen auf der Flucht und im Exil,in den *Wartesälen der Poesie.*

Gegenüber dem zu würdigenden aktiven Widerstand in der *Résistance* und gegenüber denen in

---

[165] vgl. auch: Hertha Pauli, a.a.O., S. 221ff; Ulrike Voswinckel, Frank Berninger (Hg.), *Exil am Mittelmeer*, a.a.O., S.175ff
[166] Lisa Fittko, a.a.O. S., 108

ihrer widerständischen facettenreichen literarisch-journalistischen Profession. Und gegenüber denen in den Völkern der Exilländer, die selbstlos und widerständisch halfen, unterstützten in den Gefahren um eigenes Leben, um Land und Kultur.

Doch hätte keiner von uns überleben können ohne die Hilfe von Franzosen in jedem Winkel des Landes - Franzosen, deren Menschlichkeit ihnen den Mut gab, diese vertriebenen Fremden aufzunehmen, zu verstecken, zu ernähren. Menschen wie der Kommandant des Bahnhofs in Lourdes, die in der finsteren Stunde ihrer eigenen Niederlage die Last des Schandartikels (§19,d.Verf.) auf sich nahmen, der ihr Land des stolzen Namens 'La France genereuse' beraubt hatte.[167]

Im *gewöhnlichen*, lebens-*gefährdeten* Exilleben, in den *Wartesälen* und Orten des angstvollen Wartens und Hoffens auf Lebenserhaltung, be- und gedrängt, sich *Hohlräume* schaffend, sie bewahrend und verteidigend bis zur Chance einer konkreten Erlösung daraus.
Sich der faschistischen Vernichtungsmaschenerie nicht ausliefernd, bedeutete mehr ausschließliches Leben unter Lebensgefahr als wir wahrscheinlich heutzutage zu realisieren in der Lage sind.
Die Fluchten der schreibenden Frauen und deren Exile in den Städten der Flucht, sie passierend und sich temporär niederlassend, bedeutete immer die Unsicherheit des Arbeitens und Lebens am Beginn und Ende des jeweiligen Tages, auch wenn deren zuweil romantisch anmutende *Gewöhnlichkeit* unvorstellbar, irreal erscheint.
Und immer wieder der Tenor im Erzählen einer Flucht-Exilgeschichte, einer scheinbar fiktiven und

---

[167] ebenda

gleichwohl eindeutig biografischen: Erinnerungen,
Sehnsüchte und Hoffnungen, auch eben romanti-
sche Sentimentalitäten gebunden an die verlorene
'Heimat', an die deutsche Sprache und Kultur -
Wartend des Tags der Rückkehr!

Anhang

Kurzbiografien

Anna Seghers

Anna Seghers (19. November 1900 in Mainz – †1.Juni 1983 in Berlin),Tochter des Mainzer jüdischen Kunsthändlers Isidor Reiling und seiner Frau Hedwig. Sie besuchte ab 1907 eine Privatschule, dann ab 1910 die Höhere Mädchenschule in Mainz, das heutige Frauenlob-Gymnasium. Im Ersten Weltkrieg leistete sie Kriegshilfsdienste.1920 schloss sie die Schule mit dem Abitur ab. Anschließend Studium der Geschichte, Kunstgeschichte und Sinologie in Köln und Heidelberg.1924 wird sie an der Universität Heidelberg promoviert mit einer Dissertation über *Jude und Judentum im Werk Rembrandts.*
1925 heiratete sie den ungarischen Soziologen László Radványi, der sich später Johann Lorenz Schmidt nennt. Mit ihm hatte sie zwei Kinder. Das Ehepaar zog nach Berlin. 1926 wurde ihr Sohn Peter geboren.Eine ihrer ersten Veröffentlichungen,die Erzählung *Grubetsch,* erschien 1927 unter dem nun angenommenen Künstlernamen Seghers, worauf Kritiker einen Mann als Autor vermuteten.Das Pseudonym Seghers entlieh sie dem von ihr geschätzten niederländischen Künstler Hercules Seghers.
1928 wurde die Tochter Ruth geboren. In diesem Jahr erschien auch Seghers'*Aufstand der Fischer von St. Barbara* als Romanerzählung. Auf Vorschlag von Hans Henny Jahnn wurde ihr noch im selben Jahr dafür der Kleist-Preis verliehen. Ebenfalls 1928 trat sie der KPD bei und im folgenden Jahr war sie Gründungs-

mitglied des ‚BPRS' - *Bund Proletarisch-Revolutionärer Schriftsteller*.

Nach der Machtübernahme der Nationalsozialisten wurde Anna Seghers kurzzeitig von der Gestapo verhaftet, ihre Bücher verboten und im Zuge der großangelegten Bücherverbrennung vernichtet. Wenig später konnte sie in die Schweiz, von dort aus nach Paris fliehen. Mit ihrer Familie lebte sie zunächst außerhalb im Vorort Bellevue, 26 Rue du 11. Novembre[168]. Während sie später, als im Juni 1940 die deutsche Wehrmacht Paris eingenommen hatte und ihr Mann im Lager *Le Vernet* interniert war, kurzzeitig mit ihren Kindern an wechselnden Adressen untergekommen war.

Im Exil arbeitete sie an Zeitschriften deutscher Emigranten mit, unter anderem als Mitglied der Redaktion der *Neuen Deutschen Blätter*. 1935 war sie eine der Gründerinnen des *Schutzverbandes Deutscher Schriftsteller* (SDS) in Paris. In der Funktion und als bereits bedeutende Schriftstellerin nahm sie auch am ersten *Internationale(n) Schriftstellerkongreß zur Verteidigung der Kultur* im Juni 1935 in Paris teil. Gleichermaßen entwickelte sie ihre Auffassungen in der Diskussion um das *kulturelle* Erbe, - bekannt auch als *Realismus-Debatte* 1937-1938 - , zum Schutz vor Missbrauch des Nationalsozialismus und nutzender Rettung für zukünftige sozialistisch-volksdemokratische Staatsentwicklungen.(vgl. Anm.100)

Anna Seghers gelang mit ihren Kindern die Flucht aus dem besetzten Paris in den noch unbesetzten Süden Frankreichs unter der sog. *Vichy-Regierung* Henri Philippe Pétains'. Dort bemühte sie sich in Marseille um die Freilassung ihres Mannes sowie um Möglichkeiten zur Ausreise nach Übersee. Erfolg hatten ihre Bemühungen schließlich beim von Gilberto Bosques geleiteten mexikanischen Generalkonsulat, wodurch ihr und ihrer Familie am 24.März 1941 eine Ausreise über Martinique nach Mexiko mög-

---

[168] vgl. Hélène Roussel/Lutz Winckler, *Topographie*. In: Anne Saint Sauveur- Henn (Hg.), *Fluchtziel Paris,* a.a.O., S.153

lich wurde. Ihre Pariser/Marseiller Zeit bildet den Hintergrund des Romans Transit (1939/1944).

Erika Mann

Erika Julia Hedwig Mann (9. November 1905 in München – †27.August 1969 in Zürich).Tochter des Schriftstellers und Literaturnobelpreisträgers Thomas Mann und dessen Ehefrau Katia, geborene Pringsheim, jüdischer Abstammung.

Erika Mann arbeitete ernsthaft als Schauspielerin, Kabarettistin, Schriftstellerin und Lektorin.1933 begründete sie das politische Kabarett *Die Pfeffermühle*,während ihre Familie zunächst im südfranzösischen *Sanary-sur-mer* ab Mai 1933 exiliert leben konnte, wo sie sich dann auch zeitweise aufhielt. 1936, nach der Emigration in die USA, informierte und agitierte sie mit Vorträgen als Schriftstellerin und Journalistin gegen den Nationalsozialismus und Faschismus überhaupt. Wie sie auch 1940 von dort an den Vorbereitungen zur Einrichtung des 'ERC' (Emegency Rescue Committee) in Marseille beteiligt war. Neben ihrer späteren Tätigkeit als Nachlassverwalterin ihres Vaters Thomas Mann sowie ihres Bruders Klaus Mann, hat sie ein umfangreiches Werk aus politischen Essays, Reportagen, politisch-kulturellen Reiseberichten und Kinderbüchern hinterlassen. Durch ihre internationalen Bekanntschaften und den Einfluss ihres Vaters lernte sie viele Prominente des amerikanischen *Kulturbetriebes* kennen. Mit dem Namen *The Literary Mann Twins* (d.i. Erika und Klaus Mann), präsentierten die Geschwister sich als Zwillinge, um damit weitere Aufmerksamkeit zu erregen. Ein Schwerpunkt ihrer vielen Reisen war auch Hollywood,doch die Hoffnung,dort künftig mit Filmrollen oder als Drehbuchautorin entdeckt zu werden, erfüllte sich nicht. Ihren kostspieligen Lebensunterhalt versuchte sie u.a. durch diese Vorträge zu finanzieren, wie auch Th. Mann zu helfen wusste.

Marta Feuchtwanger

Marta Feuchtwanger (21.Januar 1891 in München - † 25. Oktober 1987 in Pacific Palisades, USA) wurde als drittes Kind des jüdischen Textilkaufmanns Leopold und der Johanna Reitlinger-Löffler in München geboren. 1933 emigrierte sie nach einer Vortragsreise in den USA mit ihrem Mann Lion Feuchtwanger zunächst nach Sanary-sur-mer in Südfrankreich
Nach Internierung und ihrer gelungenen Flucht aus dem Internierungslager *Gurs* und der Fluchthilfe für Lion Feuchtwanger aus dem Lager *San Nicolà,* fanden sie vorübergehende Bleibe im Marseiller US-Konsulat. Mit dortiger Hilfe seitens des *'ERC'* (Emergency Rescue Committee) gelang im September/Oktober 1940 die Ausreise ins amerikanische Exil nach Los Angeles. Die Flucht selbst führte zunächst zu Fuß über die sogenannte*F-Route* (benannt nach Lisa Fittko, die diese über ein Jahr lang mit ihrem Mann Hans Fittko betreute) in den Pyrenäen, per Transit durch Spanien und Portugal nach Lissabon als damaligem Fluchthafen neben Marseille.
Nach dem Tod ihres Mannes 1958 lebte sie weiterhin in ihrem Haus, *Villa Aurora,* in den Bergen von Los Angeles, wo sie die Bibliothek Lion Feuchtwangers der *USC Library* (University of South California) übertrug und diese bis zu ihrem Tod 1987 ver-

waltete.

Während L. Feuchtwanger zeitlebens mit seinen schriftstellerischen Arbeiten,Lese-,Vortragsreisen beschäftigt war, organisierte
Marta währenddessen deren praktische Lebensumstände. Wie sie
nach eigener Aussage in ihrer Autobiografie *Nur eine Frau* ihr
eigenes Leben an der Seite Lions bewusst in den Dienst seiner literarischen Arbeit stellte. Das sogar ausdrücklich zur Zeit der ge-
fahrvollen Vorbereitungen zur Ausreise, damit Lion in gewisser
Unbelastetheit an der Vollendung seiner begonnenen Josephus-
Romantrilogie arbeiten konnte. Auch ließ sie in geraumen Teilen
mittels ihrer weitläufigen Kunst- und Kulturkenntnisse beratend
Einflüsse auf seine Arbeiten geltend machen.

Lisa Fittko

Lisa Fittko, geb. Elizabeth Ekstein (23. August 1909 Uschho-
rod in der Ukraine,ehemals KuK-Monarchie Österreich Ungarn
-† 12.März 2005 in Chicago, USA), wuchs als Kind jüdischer
Eltern in Wien auf. Sie arbeitete wie ihr Vater als Journalistin
und Schriftstellerin.

Anfang 1933 wurde sie wegen Herstellung und Verbreitung an-
tinazistischerFlugblätter denunziert und floh zunächst nachPrag.
Mit ihrem späteren Mann Hans Fittko, einem kommunistischen
Flüchtling, flüchtete sie 1938 über Basel und Apeldoorn nach
Paris, dort vorübergehend wohnhaft *Rue Dombasle No.10*. Von
dort gelangte sie über die Zwischeninternierung imPariser
Vélodrome d'Hiver 1940 ins Internierungslager *Camp de Gurs* in
den *Basses Pyrénées*. Nachdem ihr mit anderen Frauen die Flucht
aus dem Lager gelungen war, lebte sie in Marseille sowie in der

Nähe des Küstenortes Banyuls-sur-mer am Fuße der Pyrenäen.
Von dort organisierte und betreute sie als Fluchthelferin zusammen mit Hans Fittko die nach ihr benannte sogenannte *F-Route* als Fluchtweg über die Pyrenäen zwischen Frankreich und Spanien. Dies in Zusammenarbeit mit der Fluchthilfeorganisation ,*ERC*' (Emergency Rescue Committee) und dessen europäischem Repräsentanten in Marseille, Varian M.Fry.Die in den USA vorbereiteten und hier aktualisierten Fluchtlisten enthielten hauptsächlich namhafte Politiker und Kulturschaffende, die letztlich durch die deutsche Besatzung Frankreichs und die mit der Gestapo kollaborierende Vichy-Regime bedroht waren.

1941 gelang die eigene Flucht von Marseille nach Kuba, wo Lisa Fittko in Havanna an einer neu gegründeten Ausbildungsstätte für jüdische Flüchtlinge arbeitete. 1948 siedelte sie mit ihrem Mann Hans Fittko nach Chicago in die USA über. Dort arbeitete sie als Fremdsprachenkorrespondentin und Angestellte der Universität. Politisch engagierte sie sich in der amerikanischen Friedensbewegung.

Für Hans und Lisa Fittko wurde im Januar 2001 in Banyuls-sur-mer eine Gedenkstätte errichtet, die daran erinnert, dass sie, obwohl selbst in Lebensgefahr, vielen von den Nazis Verfolgten die Flucht nach Spanien zur Weiterausreise ermöglichten.

Seit dem 24. Juni 2007 ist dieser Weg offiziell benannt als *Chemin Walter Benjamin*[169].

---

[169] Walter Benjamin wurde ebenfalls über die *F-Route* geführt. Nach glücklich abgesicherter Ankunft in Port Bou auf spanischer Seite, wurde ihm die Rückführung nach Frankreich beschieden, worauf er sich im Hotel das Leben nahm (vgl. Lisa Fittko, *Mein Weg über die Pyrenäen*, a.a.O., S. 139ff; Alfred Kantorowicz,*Exil in Frankreich*, a.a.O., S.154ff).M.E. ließe sich über diese Namensgebung zurecht streiten, waren doch die Fittkos die mutigen Fluchthelfer, W. Benjamin der gefährdete ,Prominente'.

Gina Kaus

Gina Kaus (21. Oktober 1893 in Wien - † 23. Dezember in Los Angeles) wurde als Tochter des *Geldvermittler(s) kleinsten Kalibers* (Kaus) Max Wiener gboren.In Wien besuchte sie dennoch eine sogenannte *Höhere Töchterschule*.

Als Schriftstellerin, Übersetzerin und Drehbuchautorin betätigte sie sich schon früh recht erfolgreich. Nach der Ehe mit dem Musiker Josef Zirner, der jedoch 1915 im Krieg fiel, und später als adoptierte Geliebte des jüdischen Bankiers und Heereslieferanten J. Kranz.

Sie begann zu schreiben, bereits 1917 wurde ihre erste Komödie *Diebe im Haus* im Wiener Burgtheater zunächst erfolgreich uraufgeführt. Im Wiener *Café Herrenhof* gehörte Gina Kaus zum literarischen Kreis um Franz Blei.Dort begegnete sie dem Schrift steller, Psychologen und Kommunisten Otto Kaus, den sie1920 heiratete, um gemeinsam politisch zu agieren, Kinder zu haben und vor allem der großbürgerlichen Lebenssituation mit Kranz bewusst zu entsagen.Dieser Ehe entstammen ihre beiden Söhne.

Inzwischen schrieb sie für renommierte Blätter wie die *BZ am Mittag*, die *Vossische Zeitung*, *Die Dame*, das *Berliner Tageblatt* und *die Wiener Arbeiter-Zeitung*. In den folgenden zwanziger Jahren nahm Gina Kaus nach der Veröffentlichung ihrer ersten Novelle *Der Aufstieg*, für die sie schon 1921 den Fontane-Preis erhielt, intensiv am Leben des literarischen Intellektuellenkreises in Berlin und Wien teil. Eine Freundschaft mit Milena Jesenská, an die Franz Kafka seine berühmten Briefe geschrieben hatte, Karl Kraus, dem Autor und Herausgeber des fundamental zeitkritischen Magazins *Die Fackel*, mit Vicki Baum aus der Berliner Zeit und schließlich auch mit Alfred Adler als dem zeitmäßigen Vertreter einer marxistisch orientierten Psychoanalyse, um nur einige Berührungen herauszustellen.

1928 veröffentlichte Gina Kaus ihren ersten Roman *Die Verliebten* bei Ullstein in Berlin.1933 fielen ihre Bücher den Bücherverbrennungen der Nationalsozialisten zum Opfer. Ihr folgender Roman *Die Schwestern Kleh* kam deshalb 1933 gleich beim antifaschistischen *Allert de Lange* - Verlag in Amsterdam heraus. Der biografische Roman *Katharina die Große* erschien 1935 in den USA und wurde dort ein Bestseller.

Gina Kaus verließ Wien nach dem ‚Anschluss‘ Österreichs ans ‚Deutsche Reich‘ am 14. März 1938 zusammen mit ihren Söhnen und dem Anwalt Eduard Frischauer, mit dem sie inzwischen lebte.Die Familie floh über die Schweiz nach Paris, wo sie anfänglich im Hotel, dann in einer Mietwohnung in der *Rue de la Pompe 157* [170] mit ihrer Familie unterkam.

Am 1. September 1939 verließen sie Europa in die USA, zunächst nach New York, um sich dann im November in Hollywood niederzulassen.Dort bearbeitete sie hauptsächlich eigene Erzählungen und Dramen für den Film. Der noch im Pariser Exil verfasste Roman *Der Teufel von nebenan*, erschien 1940 und wurde 1956 populär mit Lilli Palmer und Curd Jürgens in den Hauptrollen unter dem Titel *Teufel in Seide* verfilmt.

Anna Gmeyner (‚Reiner‘)

Anna Wilhelmine Gmeyner, verheiratete Wiesner, später Morduch (16.März 1902 in Wien - † 3.Januar 1991 in York/GB).

---

[170] vgl. Roussel/Winckler, a.a.O.,S. 152

Die aus einer liberal-jüdischen Familie stammende Anna Gmeyner begann 1920 in Wien ein Studium und ging 1925 nach Berlin.Nach der Trennung von ihrem Mann B.P. Wiesner kehrte sie aus Edinburgh1930 nach Berlin, später nach Wien zurück, arbeitete u. a. als Dramaturgin bei Erwin Piscator. Ihre in dieser Zeit entstandenen Lieder und Balladen wurden u. a. von Hanns Eisler (*Arbeitslied*, *Lied derBergarbeiter*) und Herbert Rappaport vertont.

Eines der ersten Werke für das Theater war das von Erlebnissen in Schottland geprägte Bergarbeiterdrama *Heer ohne Helden* und das Schauspiel *Zehn am Fließband*. Ihr mit Erfolg aufgeführtes sozialkritisch-satirisches Volksstück *Automatenbüfett* galt1932 als ihr Durchbruch als Dramatikerin.

Während der Machtergreifung der Nationalsozialisten im Januar 1933 hielt sich Anna Gmeyner in Paris auf zur Arbeit an Drehbüchern mehrerer Filmprojekte von Georg W. Pabst. Sie kehrte nicht nach Deutschland zurück, und noch 1933 wurde ihr Werk dort verboten. Ihre in Wien verbliebene Tochter Eva Maria C. M. Wiesner zog 1933 zu ihrem Vater nach Edinburgh. Sie wurde später unter dem Namen Eva Ibbotson eine erfolgreiche Autorin von Kinderbüchern.[171]

Anna Gmeyner wurde unterdessen zu einer bekannten Autorin der Exilliteratur: *Automatenbüffet* wurde noch 1933 am Schauspielhaus Zürich mit Therese Giehse[172] in der Hauptrolle aufgeführt. 1938 veröffentlichte der renommierte Querido-Verlag als Exil-Verlag in Amsterdam ihren Roman *Manja* unter dem Pseudonym Anna Reiner.

Sie zog 1935 von Paris nach London zu ihrem zweiten Mann J. Morduch. In London und New York erschien der Roman *Café du Dôme* über das Leben im Pariser Exil in englischer Übersetzung. Dessen deutschsprachige Originalfassung sollte wiederum

---

[171] Birte Werner, *Illusionslos. Hoffnungsvoll*, a.a.O.,S.318f
[172] vgl. Erika Mann, *Escape*, a.a.O.,S.215f

bei Querido erscheinen, doch gilt das Manuskript seit dem deutschen Einmarsch in Amsterdam 1941 als verschollen.[173]

Hertha Pauli

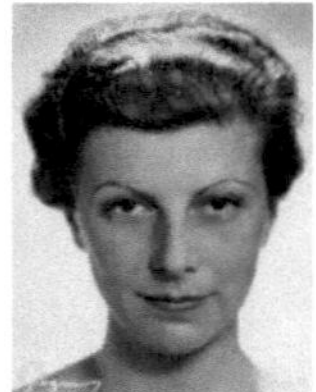

HerthaPauli (4.September 1906 in Wien - † 9.Februar1973 in Long Island, New York).Tochter der Journalistin und Frauenrechtlerin Berta Maria Schütz (1878–1927) und des Arztes Wolfgang Joseph Pauli (1869–1955), der aus einer jüdischen Prager Verleger-Familie stammte, aber zum Katholizismus konvertiert war.

Sie selbst war tätig als Schauspielerin, Autorin, Journalistin und antifaschistische Aktivistin. In den Jahren 1927 bis 1933 spielte Hertha Pauli unter Max Reinhardt in Berlin. Sehr gut befreundet war sie mit Walter Mehring, Hans Natonek, Ödön von Horváth liebte sie vergeblich. Nachdem der ihr von seiner bevorstehenden Heirat mit Maria Elsner berichtete, unternahm sie einen Selbstmordversuch[174] Von 1933 bis 1938 wirkte sie in Wien als Herausgeberin im Rahmen der *Österreichischen Korrespondenz* und veröffentlichte biografische Romane (*Toni, ein Frauenleben für Ferdinand Raimund*; *Nur eine Frau. Bertha von Suttner*). 1938 emigrierte sie auf Drängen Mehrings nach dem ‚Anschluss‘ Österreichs nach Frankreich. Im Pariser Exil gehörte sie im *Café*

---

[173] Birte Werner, *Illusionslos. Hoffnungsvoll*, a.a.O.,S. 240ff
[174] vgl. Hertha Pauli, *Der Riss der Zeit*, a.a.O., S.48ff

le Tournon zum sog. *Stammtisch* Joseph Roths[175], während sie im *Hotel de L'Universe* in der *Rue Monsieuer-le-Prince* wohnte.[176]

Von Marseille, über den Pyrenäenfluchtweg (*F-Route*[177]),Madrid und Lissabon gelangte sie am 3./4. September 1940 mit dem Erhalt eines Visums durch das ‚*ERC*‘ (Emergency Rescue Committee) von Varian Fry nach New York/USA.

In den USA wurde sie vor allem als Jugendbuchautorin bekannt. Mit ihrem Ehemann E. B. Ashton erarbeitete sie eine anerkannte Biografie Alfred Nobels. Ihr letztes Buch *Der Riss der Zeit geht durch mein Herz* (1970) verarbeitet drei Jahrzehnte später die letzten Tage vor dem ‚Anschluss‘ und die darauffolgende Zeit des Exils.

Louise Straus-Ernst (‚Lou Ernst‘)

Louise Straus-Ernst, genannt Lou Ernst, (2. Dezember 1893 in Köln - † 1944 in Auschwitz). Sie wuchs als Tochter eines Kölner Hutfafrikanten in einem liberalen jüdischen Milieu auf.

Nach einem höheren Schulabschluss studierte sie Kunstgeschichte in Bonn, wo sie schon 1913 Max Ernst in einem Zeichenkurs kennenlernte. Noch während des Ersten Weltkrieges heirateten sie 1918 gegen den erbitterten Widerstand ihrer Familie und der streng katholischen Familie Ernst‘.

Max Ernst seinerseits hatte bereits vor seinem freiwilligen Kriegseinsatz (wie auch andere expressionistische Künstler!) sein philosophisches, psychologisches und kunstgeschichtliches Studium

---

[175] vgl. ebenda, S.38ff (dort auch temporär anwesend: Ödön von Horvath; Walter Mehring; Soma Morgenstern; Susanne Bach; Hans Sahl; Hans Natonek); Anm.129
[176] ebenda, S.32ff
[177] vgl. Lisa Fittko, a.a.O.

abgebrochen, um als freier Maler im Kreise der *Rheinischen Expressionisten* um August Macke arbeiten zu können. Louise hingegen hatte 1917 als erste Frau an der Universität Bonn Kunstgeschichte mit der Promotion über *mittelalterliche Goldschmiede des Rheinlandes* abgeschlossen. Im Januar 1919, nach dem Tod von Joseph Poppelreuter, dem Direktor der Skulpturen- und Antikensammlung des Wallraf-Richartz-Museums zu Köln, übernahm sie kommissarisch die Leitung des Museums bis zum Ende des Jahres.1920 wurde der gemeinsame Sohn Hans-Ulrich, genannt Jimmy Ernst, geboren, der später in den USA selbst als Maler des abstrakten Expressionismus bekannt wurde und dessen Autobiografie wichtige Details zum Leben von Lou Ernst im Pariser Exil zu verdanken sind.[178]

Sie wendete sich sodann wieder der Kunstgeschichte zu, übernahm Aufträge als Museumskuratorin, schrieb Fachartikel über römische und mittelalterliche Architektur und Kunst, Theater und Film, aber auch über und zur Politik. Unter anderem für die renommierte *Kölnische Zeitung* und andere überregionale Blätter von Rang. Allmählich vermochte sie es, sich in der überregionalen Kunstszene zu etablieren. So entwickelte sich die neue Wohnung in Köln-Sülz als beliebte Anlaufstelle für Leute vom Theater, Schauspieler und Autoren. Bertolt Brecht, Hanns Eisler und KurtWeill galten bereits als namhafte Gäste; der Fotograf August Sander porträtierte Lou und Jimmy 1928 für seine großangelegte Porträtreihe *Menschen des 20. Jahrhunderts.*

Als Konrad Adenauer vom Posten als Kölner Oberbürgermeister 1933 von den Nationalsozialisten abgesetzt, die örtliche SS eine Hausdurchsuchung erzwungen und ihre journalistische Arbeit behindert wurde, verließ sie im Mai 1933 Köln und flüchtete nach Paris[179], wo sie in einem *Hôtel* in der *Rue Toullier 11,Arr.5e* [180] wohnte. Ohne ihren Sohn Jimmy, der zunächst bei ihrem

---

[178] Jimmy Ernst, *Nicht gerade ein Stilleben. Erinnerungen an meinen Vater Max Ernst.* Köln 1985
[179] vgl.analog dazu in Lou Ernst, *Zauberkreis Paris*, a.a.O., S.4, Nr.384 v.31.12.1934; S.4, Nr. 386 v.2.1.1935
[180] vgl. Roussel/Winckler, a.a.O.,S.153

Vater J. Straus zurück blieb. Und wo schon seit 1922, und seit 1926 von ihr geschieden, Max Ernst arbeitete und lebte.

Frankreich war noch ein freies Land. Sie hielt Kontakt zu dem inzwischen mit der Französin Marie-Berthe Aurenche verheirateten Max Ernst und schlug sich durch mit Deutschunterricht, Museumsführungen für deutsche Touristen und Schreibarbeiten insbesondere für Schweizer Zeitungen und eben für das *Pariser Tageblatt (PTB)* und die *Pariser Tageszeitung (PTZ)* als Folgeblatt, *indem sie neben dem Fortsetzungsroman ‚Zauberkreis Paris‘ zwischen 1933 und 1939 unter verschiedenen Pseudonymen eine Reihe von Kurzgeschichten, Parisfeuilletons, Rezensionen und Berichten veröffentlichte.*[181]

Zweimal im Jahr kam ihr Sohn zu Besuch aus Köln, bis er 1938 mit Hilfe von Freunden seiner Eltern über Le Havre per Schiffspassage nach New York gerettet werden konnte. Sein Vater hatte ihm 1941 mit Hilfe des ‚*ERC*‘ (Emergency Rescue Committee) von Marseille aus zusammen mitPeggy Guggenheim, seiner dritten Ehefrau, folgen können , noch bevor die Deutschen Paris besetzten.

Lou Ernst, die in der französischen Résistance aktiv war, wurde 1939 für kurze Zeit in dem berüchtigten Internierungslager *Camp de Gurs*[182] nahe der spanischen Grenze gefangen gehalten und hielt sich anschließend zunächst an der Küste im sog. *freien* Vichy-Frankreich auf. Mit einer Gruppe anderer politischer und jüdischer Exilanten fand sie Zuflucht in dem Bergdorf Manosque in den *Alpes Maritimes* bei dem südfranzösischen Schriftsteller Jean Giono, dessen Werke sie in Teilen ins Deutsche übersetzte. 1941-1942 schrieb sie ihre Autobiografie *Nomadengut.* Das Manuskript erreichte über eine befreundete Verlegerin erst 19 48 ihren Sohn in den USA.

Ihr letzter Partner war der Architekt Charles K. Fiedler, der bei Giono als Schafhirte arbeitete. Vergeblich wartete Lou Ernst auf ein für sie selbst auf den Weg gebrachtes Ausreisevisum vom

---

[181] Lutz Winckler, *Louise Straus-Ernst*, a.a.O., S.88
[182] vgl. Lisa Fittko, Marta Feuchtwanger, Susanne Bach

amerikanischenKonsulat in Marseille, während sie ein gemeinsames mit Max Ernst, das eine Wiederheirat benötigt hätte, abgelehnt hatte. Im September 1943 wurde sie, noch bevor die amerikanischen Invasionstruppen das Mittelmeer erreichten, unter nie ganz geklärten Umständen seitens der deutschen Besatzungsmacht ins Sammellager für französische Juden in Drancy bei Paris deportiert. Am 30. Juni 1944 erfolgte die Deportation mit dem vorletzten Zug nach Auschwitz. *Dort ist sie, kaum 50 Jahre alt, ermordet worden.*[183]

Susanne Bach

Susanne Bach, geb. Eisenberg. (29. Januar 1909 in München - † 10.Februar 1997 in München)Tochter jüdischer Eltern aus *guter Familie*, schloss 1932 das Studium der romanischen Philologie mit der Promovierung zum Dr.phil. an der Münchner Uni ab. Während des Studiums unternahm sie mehrere Reisen nach Paris, dem größten Wunsch seit ihrem 17. Lebensjahr, um ihre *vielgeliebte Stadt* kennenzulernen. Im Oktober 1933 siedelte sie ganz nach Paris über, wohnte im *Hotel Henri IV.* an der *Place Dauphine*[184], um dort, - gleich Heinrich Heine - , die *freie Luft* atmend zu leben. Doch, *was unternimmt ein junges Mädchen aus guter Familie, das nicht viel für das tägliche Leben Nützliches gelernt hat, selbst wenn es einen Dr. phil. hat? Es sucht sich Klavier-*

---

[183] Lutz Winckler, a.a.O., S.89
[184] vgl. Susanne Bach, *Karussell*, a.a.O.,S.57

schüler, Schüler für Fremdsprachen, für Gesang, - je nachdem. So gab ich also zum Anfang Deutschunterricht. [185]

Im Juni 1940 wurde sie nach zweiwöchiger sogenannter *Schutz*-Inhaftierung imPariser *Vélodrôme d'Hiver* ins Konzentrationslager *Camp de Gurs* transportiert.

Weg von Paris gab es nun keine Hoffnung auf Rückkehr mehr. Das war das Schlimmste von allem. Was in dem Lagerleben für mich unerträglich war, war weder der Strohsack, noch die unzureichende Ernährung, noch der Schlamm an Regentagen, noch auch das tatsächlich penible Zusammenleben mit sechzig Frauen, auch nicht der überall sichtbare Stacheldraht — es war die völlige Aussichtslosigkeit. [186]

Das sog. *Waffenstillstandsabkommen* vom 22.Juni 1940 beinhaltete ja den §19, der Auslieferungersuchen ans ‚Deutsche Reich‘ stattzugeben hatte. Insofern standen die deutschsprachigen Insassen in ständiger Gefahr, bot vordem ein solches *Camp* tatsächlich zunächst Schutz vor der Gestapo.

Angesichts des täglich stärker werdenden Drucks von Seiten der Deutschen hielt ich es für wesentlich, diese Mausefall so bald wie möglich zu verlassen. Damals — Mitte Juli — bekamen nur diejenigen den Befreiungsausweis, die beweisen konnten, daß sie irgendwo im unbesetzten Frankreich wohnen konnten oder daß sie einen sicheren Arbeitsplatz hatten, der sie erwartete. [187]

So gelang es S.Bach, mit einem solchen *Befreiungsausweis* das Lager am 16.Juli 1940 in Richtung Vichy zu verlassen. Die letztendliche Ausreise von Lissabon nach Brasilien glückte mit einem *gefälschten* tschechoslowakischen Pass nur für diese Reise, einem *gefälschten* Taufschein und einem darauf basierenden *Visa de sortie* seitens der Marseiller Behörde. Trotz deutscher Wehrmacht- und Gestapo-Präsenz am 27. April 1941.

Da sie, - nun seit 11.Mai 1941im brasilianischen Exil - , auf ihre Kenntnisse undErfahrungen als Buchhändlerin zurückgreifen

---

[185] ebenda,S.4
[186] ebenda.,S.65
[187] ebenda, S.71f

konnte[188], begründete sie eine antiqarische Buchhandlung in Rio de Janeiro. Ihre Sammlung von in Brasilien erschienenen Exilwerken befindet sich in der *Deutschen Nationalbibliothek[189]*.
In ihrer Autobiografie *Karussell. Von München nach München* berichtete sie über ihre Lebens- und Arbeitserfahrungen im Pariser Exil 1933-1940 sowie über das ab Mai 1941 darauf folgende in Brasilien.

---

[188]Sie arbeitete dort zunächst in der Buchhandlung der Mademoiselle Droz: *Fachbuchhandlung-Romanische Philologie*. Diese Buchhandlung war in der *Rue de Tournon* gelegen, wo sich *eine Buchhandlung nach der anderen, zwischen denen sich ein Gemüsehändler, eine Apotheke, ein Friseur und selbstverständlich ein paar kleine Cafés mühsam halten.* Eines dieser Cafés war das *Le Tournon*, indem sich der sog. *Stammtisch* um den Dichter Joseph Roth zusammenfand. (vgl. Susanne Bach, *Karussell*, a.a.O., S. 4ff; Hertha Pauli, *Riss*, a.a.O., S.38ff; Hans Sahl, *Das Exil im Exil*, a.a.O., S.60f)
[189] http://dnb.ddb.de

Pariser Cafés (Auswahl) – *Wartesäle de Poesie* [190]

'Café Du Dôme' (zeitgen. Aufnahme) – Boulevard du Montparnasse, Arr. V./VI.

'Cafe de Flore' – Boulevard St. Germain/Rue de Rennes, Arr. VI.

---

[190] Gemeint Cafés als *Wartesäle der Poesie,* die in den vorgelegten Texten Schauplätze sind und auch solche, die überhaupt maßgeblich Schauplatz des *gewöhnlichen und gefährlichen* Pariser Exildaseins waren.

'Le Tournon' (zeitgen.Aufn.) - Rue de Tournon, Arr. VI.

'La Select' – Boulevard du Montparnasse, Arr. V./VI.

'Café L'Odéon' (zeitgen. Aufn.) – Carrefour de L'Odéon, Arr. V.

'Les deux Magots' (zeitgen. Aufn.) – Boulevard St. Germain/Rue de Rennes, Arr. VI.

Cafés (Auswahl)

Paris (Arr. V./VI.):

Café Du Dôme
Les Deux Magots
Café L'Odéon
Café de Flore
La Select
La Coupole
Cafe Mephisto
Le Tournon
Café de la Frégate
La Rotonde

Marseille: (altes Hafenviertel/Boulevardd'Athènes/
Rue Cannebière)

Mont Ventoux
Café-Bar Mistral
Brûleurs des Loups
Café Saint Ferréol
Café Kongo

Lissabon (hier unbenannt)

Editorial

(...) Auslassung d. Verf. aus dem zitierten Text
...   Auslassung d.Verf. aus dem zitierten Satz/Absatz
[...] Auslassung im zitierten Text selbst
»...« wörtliche Rede oder Zitat in einem zitierten Text
Veraltete Schreibweisen, Interpunktionen, wie auch in Teilen in englischer Sprache zitierte Textaussüge folgen denen des Originals

Papierdokumente Frankreich/Spanien/Portugal 1933-1941

Carte d'identité: zwei Jahre gültiger Ausweis
Récépissé: Empfangsbestätigung der Aufenthaltsbeantra-gung, die einer provisorischen Aufenthaltsgenehmigung gleichkam
Carte d'identité de travailleur: Arbeiterkennkarte, deren Beantragung ein ministeriell genehmigter Arbeitsvertrag und ein Gesundheitszeugnis vorliegen musste[191]
Fiche d'hébergement: Wohnerlaubnis
en règle: mit gültigen Papieren
refoulements: Abschiebungen
expulsions: Ausweisungen
résidence forcée: erzwungener Aufenthalt
visa de sortie: Ausreisegenehmigung (Visum)
affidavit: eidesstattliche Erklärung einer ‚situierten' Per-son zur Aus/Einreise einer anderen
sauf-conduit: Passierschein
Certificat de demobilisation: Entlassungsschein
refus de séjour: Aufenthaltsverweigerung

---

[191] *In vielen Fällen wurde die Aufenthaltsbewilligung willkürlich von einer Arbeitser-laubnis abhängig gemacht. Ein Teil der Emigranten befand sich damit in einer Situarion von kaum zu überbietender Absurdität: Man konnte erst eine reguläre Arbeitszulassung bekommen, wenn man einen französischen Ausweis besaß; um den zu erhalten, brauchte man vorher eine Arbeitserlaubnis. (Barbara Vormeier, Frankreich. In: Krohn, Claus-Dieter: Handbuch der deutschsprachigen Emigration 1933-1940. S. 218)*

drôle de guerre: (der ‚seltsame Krieg' 3.9.1939-9.5.1940)

pour la durée de la guerre: im Verlauf des Krieges

Camps de concentration: Konzentrationslager

îlots: Blocks, Lagerabteilungen

les boches: die Deutschen (als Schimpfwort)

sales boches: dreckige Deutsche (Schimpfwort)

métèques cinquième colonne : der Begriff 'fünfte Kolonne stammt aus dem spanischen Bürgerkrieg. Seit 1936 werden damit subversiv arbeitende Gruppen bezeichnet, die als Spione tätig sind oder illegale Propaganda betreiben.

prestataire: Mitglied einer aus Ausländern gebildeten, der Armee angegliederten Arbeitskompanie, kein Soldat

déroute: Flucht

apatrides: Staatenlose

Centre Américaine de Secour: Amerikanisches Hilfszen-trum (Varian Fry)

Cafard: Trübsinnigkeit, Tristesse, 'Blues' in Paris als kol-lektive Stimmung

ligne de démacartion: Demakartionslinie, Grenzlinie

Vous êtes en règle: ihre Papiere sind in Ordnung

Il n̕y a pas de quoi: keine Ursache

Une maison de passe: Absteige

en règle: mit gültigen Papieren

Nationalité: provenant d'Allemagne

Vous êtes en règle: Ihre Papiere sind in Ordnung

A bientôt, au revoir á Paris: bis bald, auf Wiedersehen in Paris

Literatur

Sekundärliteratur

Arnold, Heinz Ludwig (Hg.)
Deutsche Literatur *im Exil 1933-1945,* Bde. I/II
Franfurt am Main 1974
Barck, Martin Fontius u.a.(Hg.)
Ästhetische Grundbegriffe. Historisches Wörterbuch in sieben Bänden.
Bd.1
Weimar 2000
Benz, Wolfgang (Hg.)
Das Exil der kleinen Leute. Alltagserfahrungen deutscher Juden in der
Emigration
München 1991
Bock, Sigrid (Hg.)
Anna Seghers-Über Kunstwerk und Wirklichkeit. Bde.I-IV
Berlin 1979
Bertolt Brecht
Werke.Große kommentierte Berliner und Frankfurter Ausgabe.
Hrsg. Werner Hecht
Berlin 1988
Corbin, Anne-Marie
Die Bedeutung der Pariser Cafés
In: Fluchtziel Paris (s. dazu Saint Sauveur-Henn)
Berlin 2002
Engelmann, Bernt (Hg.)
Literatur des Exils. Eine PEN-Dokumentation
München 1981
Fitch, Noel Rilev
Die Literarischen Cafes von Paris
In: Anne-Marie Corbin, *Die Bedeutung der Pariser Cafes*
Berlin 2002
Grandjonc, Jaques / Grundtner, Theresia (Hg.)
Zone der Ungewißheit
Exil und Internierung in Südfrankreich 1933-44
Reinbek bei Hamburg 1993

Hansen-Schaberg, Inge
Exilforschung – Stand und Perspektive
In: Aus Politik und Zeitgeschichte 64. Jahrgang 42/2014
Bonn 2014
Häntzschel, Hiltrud
Brechts Frauen
Reinbek bei Hamburg 2003
Häntzschel, Hiltrud u.a. (Hg.)
Frauen und Exil
Auf unsicherem Terrain. Briefeschreiben im Exil
Exilforschung – Bd. 6
edition text + kritik. München 2013
Hoja, Roland
Heinrich Heines Lektürebegegnungen in der Matratzengruft 1848-1856
(Diss.)Bielefeld 2006
Jasper, Willi
Hotel Lutetia Ein deutsches Exil in Paris
München. Wien 1994
Klapdor, Heike
Zur schriftstellerischen Laufbahn Anna Gmeyners.
In: Exilforschung – Jahrbuch III
München 1985
Krause, Robert
Lebensgeschichten aus der Fremde. Autobiografien deutschsprachiger emigrierter
SchriftstellerInnen als Beispiele literarischer Akkulturation nach 1933
edition text + kritik. München 2010
Kreis, Gabriele (Hg)
Frauen im Exil. Dichtung und Wirklichkeit.
Darmstadt 1988
Krohn, Claus-Dieter u.a. (Hg.)
Handbuch der deutschsprachigen Emigration 1933-1945
Darmstadt 1998
Krohn, Claus-Dieter u.a. (Hg)
Frauen und Exil. Zwischen Anpassung und Selbstbehauptung
Exilforschung – Ein internationales Jahrbuch, Bd. 11.
edition text + kritik. München 1993
Krohn, Claus-Dieter u.a. (Hg.)
Metropolen des Exils
Exilforschung – Ein internationales Jahrbuch, Bd. 20
edition text + kritik. München 2002

Krüger, Dirk:
Die deutsch-jüdische Kinder- und Jugendbuchautorin Ruth Rewald und die Kinder- und Jugendliteratur im Exil
Frankfurt a. Main 1990

Marcuse, Ludwig
Mein zwanzigstest Jahrhundert. Auf dem Weg zu einer Autobiographie
Zürich 1975

Ritchie, James Mc Pherson
Anna Gmeyner and the Scottish Connection
Hull 1995

Rohlf, Sabine
Exil als Praxis - Heimatlosigkeit als Perspektive? Lektüre ausgewählter Exilromane von Frauen
Edition & Kritik. München 2002

Schoppmann, Claudia
Im Fluchtgepäck die Sprache. Deutschsprachige Schriftstellerinnen im Exil.
Berlin 2. A. 1995

Saint Sauveur-Henn, Anne (Hg.)
Fluchtziel Paris. Die deutschsprachige Emigration 1933-1940.
Berlin 2002

Siegel, Eva-Maria:
Jugend, Frauen, Drittes Reich. Autorinnen im Exil 1933-1945
Pfaffenweiler 1993

Spira, Bill
Pariser Impressionen. Zeichnungen, Karikaturen. (Hrsg. Claude Wiknler-Bessone)
München-Salzburg-Rom 1998

Spies, Bernhard (Hg.)
Ideologie und Utopie in der deutschen Literatur der Neuzeit
Würzburg 1995

Voswinckel, Ulrike u.a.(Hg.)
Deutsche Schriftsteller in Südfrankreich von 1933-1944
München 2008

Wall, Renate (Hg)
Lexikon deutschsprachiger Schriftstellerinnen im Exil 1933-1945. 2 Bde.
Freiburg 1995

Walter, Ingrid
Dem Verlorenen nachspüren. Autobiografische Verarbeitung des Exils deutschsprachiger Schriftstellerinnen.
Taunusstein 2000

Werner, Birte
Illusionslos. Hoffnungsvoll. Die Zeitstücke und Exilromane Anna Gmeyners
Göttingen 2006
Weiskopf, F.C.
Unter fremden Himmeln. Ein Abriß der deutschen Literatur im Exil
1933 bis 1947
Berlin und Weimar 198
Wild, Reiner
Dennoch leben sie. Verfemte Bücher, verfolgte Autorinnen und Autoren.
Zu den Auswirkungen nationalsozialistischer Literaturpolitik
Edition Text + Kritik. München 2003
Winckler, Lutz
Louise Straus-Ernst: „Zauberkreis Paris".Erfahrung und Mythos der „großen
Stadt", in: Exilforschung, Ein internationales Jahrbuch, Band 11, Frauen und
Exil. Zwischen Anpassung und Selbstbehauptung.
München 1993
Ziegler, Edda
Verboten, Verfemt, Vertrieben. Schriftstellerinnen im Widerstand gegen
den Nationalsozialismus.
München 2010
Zehl Romero, Christiane
Anna Seghers. Eine Biographie 1900-1947
Berlin 2000

Primärliteratur

Bach, Susanne
Karussell. Von München nach München.
1991
Benjamin, Walter
Das Passagen-Werk
Frankfurt a.M. 1991
Ernst, Jimmy
Nicht gerade ein Stilleben. Erinnerungen an meinen Vater Max Ernst
Köln 1985
Fittko, Lisa
Mein Weg über die Pyrenäen. Erinnerungen1940/41
München 2004

Fittko, Lisa
Solidarität unerwünscht. Meine Flucht durch Europa
München/Wien 1992
Feuchtwanger, Marta
Nur eine Frau. Jahre – Tage – Stunden
München 1983
Feuchtwanger, Lion
Exil
Berlin 1996
Feuchtwanger, Lion
Der Teufel in Frankreich
Frankfurt a. M. 1986
Frank, Leonhard
Mathilde
München 1948
Frank; Leonhard
Wo das Herz links ist
München 1952
Fry, Varian
Auslieferung nach Verlangen. Die Rettung deutscher Emigranten in Marseille 1940/41
München 1986
Gmeyner, Anna
Café du Dôme
Translated from the German by Trevor and Phyllis Blewitt.
London 1941
Kaus, Gina
Der Teufel nebenan (Teufel in Seide)
1940/1956
Kaus, Gina
Und was für ein Leben… mit Liebe und Literatur, Theater und Film
Hamburg 1979
Kantorowicz, Alfred
Exil in Frankreich
Merkwürdigkeiten und Denkwürdigkeiten
Hamburg 1983
Kesten, Hermann
Dichter im Café.
Wien/München/Basel 1959

Keun, Irmgard
Bilder und Gedichte aus der Emigration
Köln 1947

Keun, Irmgard
Nach Mitternacht
1937/Bergisch Gladbach 1981

Morgenstern, Soma
Flucht in Frankreich.
Berlin 2000

Mann, Erika und Klaus
Escape to life. Deutsche Kultur im Exil
Hamburg 1996

Mann, Klaus
Der Vulkan. Roman unter Emigranten
Reinbek bei Hamburg 1999

Pauli, Hertha
Der Riss der Zeit geht durch mein Herz. Erlebtes – Erzähltes.
Mit einem Nachwort von Annemarie Stoltenberg.
Frankfurt/M. und Berlin 1990

Roth, Joseph
Die Legende vom heiligen Trinker
In: Joseph Roth, Werke 6, Romane und Erzählungen 1936-1940
Köln 1991

Sahl, Hans
Das Exil im Exil. Memoiren eines Moralisten II
Frankfurt am Main 1991

Seghers, Anna
Anna Seghers - Wieland Herzfelde. *Gewöhnliches und gefährliches Leben.*
Ein Briefwechsel aus der Zeit des Exils 1939-1946.
Darmstadt-Neuwied 1986

Seghers, Anna
Transit
Darmstadt und Neuwied 1989

Seghers, Anna
Das siebte Kreuz
1946/Berlin 2009

Seghers, Anna
Der Ausflug der toten Mädchen
1946/Berlin 2009

Seghers, Anna
Der sogenannte Rendel
1940
Seghers, Anna
Erzählungen 1926-1944
Berlin und Weimar 1981
Seghers, Anna
Aufsätze, Ansprachen, Essays 1927-1953
Berlin und Weimar 1980
Seghers, Anna
Kunstwerk und Wirklichkeit. Bde. I-III
Berlin 1970
Sperber, Manés
All das Vergangene
Wien 1983
Sternheim, Thea
Tagebücher 1903-1971.
Hrsg. von Thomas Ehrsam und Regula Wyss im Auftrag der Heinrich
Enrique Beck Stiftung. Bd.3. 1936-1951.
Göttingen 2002
Straus-Ernst, Louise ('Lou Ernst')
Zauberkreis Paris
Als Fortsetzungsroman in ‚PTB' 384-421; 31.12.1934-6.2.1935
http://d-nb.info/1040292631
Straus-Ernst, Louise ('Lou Ernst')
Eine Frau blickt sich an. Reportagen und Erzählungen 1933-1941
Greven 2012
Straus-Ernst, Louise ('Lou Ernst')
Nomadengut
(1941/42) o.A. 1999
Elsbeth Weichmann,
Zuflucht. Jahre des Exils.
Hamburg1983

Personenregister

Roland Hoja,
in Altdöbern/Niederlausitz geboren, lebte bis 1959 in der
DDR. Nach Essen im Ruhrgebiet wurde Wuppertal über die
Studienzeit in Düsseldorf ständiger Wohnsitz und auch
Arbeitsplatz am Gymnasium in den Fächern Deutsch und
Erziehungswissenschaften, - die letzten Jahre an einer Ge-
samtschule im Zentrum.
Autor verschiedener Studien zu Heinrich Heine im Pa-riser
Exil und den 1848er' europäischen Revolutionen. Zu
B.Brecht,Patricia Highsmith und Heinrich Vogeler.

Heines Lektüre-Begegnungen in der ‚Matratzengruft' 1848-1856
(Diss) Bielefeld 2006

Heines Begegnungen mit linksintellektuellen Freunden 1848-1856
Berlin 2007

heine bei brecht – berlin 1953
Norderstedt 2008

Ripley & Co Die sieben Todsünden des Kleinbürgers oder Kleinbür-
gerlichkeit und dekadente Genialität in tragenden Romanfiguren
der Patricia Highsmith
Wuppertal 2011

Heinrich Vogeler Bohème & Sozialist
Norderstedt 2012